墨香会计学术文库

国家自然科学基金项目·财务分析师信息转化机制研究（71002043）
教育部新世纪优秀人才支持计划（NCET-11-0297）
霍英东青年教师基金（131083） 资助出版

政府管制、所有权安排
与会计师事务所选择

Government Regulation, Ownership Structure
and Auditor Choice

● 王艳艳 著 ●

东北财经大学出版社
Dongbei University of Finance & Economics Press
大 连

ⓒ 王艳艳 2013

图书在版编目（CIP）数据

政府管制、所有权安排与会计师事务所选择／王艳艳著．
—大连：东北财经大学出版社，2013.6
（墨香会计学术文库）
ISBN 978-7-5654-1197-7

Ⅰ．政…　Ⅱ．王…　Ⅲ．社会审计-研究-中国
Ⅳ. F239.22

中国版本图书馆 CIP 数据核字（2013）第 115910 号

东北财经大学出版社出版
（大连市黑石礁尖山街 217 号　邮政编码　116025）
教学支持：（0411）84710309
营 销 部：（0411）84710711
总 编 室：（0411）84710523
网　　址：http：//www. dufep. cn
读者信箱：dufep @ dufe. edu. cn
大连图腾彩色印刷有限公司印刷　　东北财经大学出版社发行

幅面尺寸：148mm×210mm　　字数：159 千字　　印张：6 1/2
2013 年 6 月第 1 版　　　　　　2013 年 6 月第 1 次印刷

责任编辑：李智慧　郭海雷　　　责任校对：王　娟　孙　萍
封面设计：张智波　　　　　　　版式设计：钟福建

ISBN 978-7-5654-1197-7
定价：26.00 元

作者简介

王艳艳，厦门大学管理学（会计学）博士，副教授。加拿大英属哥伦比亚大学（University of British Columbia）访问学者，美国休斯敦大学（University of Houston）博士后。中国注册会计师非执业会员（CICPA）、中国会计学会会员、美国会计学会（AAA）会员、欧洲会计学会（EAA）会员。2011年分别入选财政部全国会计（后备）领军人才（学术类第四期）和教育部新世纪优秀人才支持计划。近年来，曾先后在《会计研究学刊》（Journal of Accounting Research）、《现代会计研究》（Contemporary Accounting Research）、《管理世界》、《会计研究》、《审计研究》、《金融研究》、《南开管理评论》等国际顶尖期刊与国内权威杂志发表学术论文10余篇。主持教育部人文社科研究青年基金和国家自然科学基金青年项目各一项，并获得霍英东教育基金会青年教师项目的资助。

作者感谢国家自然科学基金项目"财务分析师信息转化机制研究（71002043）"、教育部新世纪优秀人才支持计划（NCET-11-0297）、霍英东青年教师基金（131083）的资助。

前　言

　　本书以 2001—2004 年间上海和深圳两地证券交易所上市的 A 股公司为研究样本，以我国转轨经济中政府对审计市场供给、需求双方的干预和影响为背景，在回顾既有文献的基础上，构建了研究我国审计需求问题的理论分析框架，并以此为出发点，从政府管制与所有权安排的角度出发，着重研究了以下三方面的问题：（1）在我国目前的审计市场上，不同会计师事务所之间的审计服务质量是否存在系统性差异？（2）如果审计质量存在差异，那么企业选择不同质量的事务所的动机是什么，政府在其中扮演了什么角色？（3）企业的事务所选择行为的经济后果是什么？是否能达到降低资本成本，提高资源配置效率的目的？

　　通过研究，我们发现：（1）审计质量方面，目前在我国资本市场上，审计质量对会计信息透明度的影响存在差异化。具体表现在：经"四大"审计的上市公司会计信息的透明度显著高于"非四大"审计的上市公司会计信息透明度；进一步将内资会计师事务所按业务收入排名划分为国内"十大"与"非十大"，按是否具备专项复核资格划分为具有专项复核资格和不具有专项复核资格的事务所后，国内各类会计师事务所的审计质量对会计信息透明度的影响证据比较微弱。（2）在企业选择会计师事务所行为方面，政府管制因素和所有权安排均会影响上市公司选择事务所的行为。具体表现在：中央政府控制的上市公司存在选择高质量事务所的动机，地方政府控制的上市公司存在选择地方小所的动机，非政府控制的上市公司存在选择国家层面大所的动机；股权集中度与审计质量需求之间呈非线性关系，存在区间效应；管理层与股东之间的代理成本与企业选择高质量事务所行为之间呈正相关关系。这说明上市公司选择会计师事务所既存在经济动机，也存在管制动机，政府

1

对于审计需求的引导既有"攫取之手",又有"帮助之手"。
(3) 在经济后果方面,选择规模较大、服务质量较高事务所的企业,权益资本成本显著较低。

著　者

2013 年 4 月

目 录

1

1 引 言

1.1 研究动机

  1719 年的英国"南海公司事件"推动了外部独立审计的产生，随着资本市场上所有者和经营者的分离，经济规模和经济组织复杂性的增加，进一步加剧了对外部独立审计服务的需求，因此，外部独立审计是经济活动和经济制度安排的结果。由于外部独立审计是企业治理机制中的外部监督与担保机制，其经济价值在于提高资本市场中财务呈报的质量，降低企业的代理成本和资本市场中的信息风险，进而降低资本成本，提高资源配置的效率（Jesen & Meckling，1976；Watts & Zimmerman，1981；Titman & Trueman，1989；Darter，Feltham & Hughes，1991；Feltham，Hughes &Simunic，1991；Clarkson & Simunic，1994）。现实中，从早期的美国罗宾逊公司事件（1938）、巴克雷斯公司事件（1968）、马蒂尔公司事件（1973）、威德士公司事件（1985）到近期的安然公司事件（2001）和中国的"老三案"（1992）、"新三案"（1997）及2001 年的银广夏、康赛集团、东方电子、黎明股份等案件，使人们对独立审计的功能产生了质疑，并进而对审计市场的供需关系以及相关格局产生了兴趣。

  在西方成熟的资本市场中，审计市场基本上是一种供给方占主导地位的寡头垄断市场结构，国际四大会计师事务所（注：除特别强调外，以下一般简称为事务所）占据了 70% 以上的市场份额，市场对高质量审计服务的潜在需求及有效需求比较充分，因此理论界和监管部门更多的是从审计服务的供给方研究不同市场结构对审计质量和审计定价的影响（Simunic，1980；Francis，1984；Palmrose，1986，1988；Francis& Simon，1987；Craswell，Francis & Taylor，1995；Crawswell& Francis，1999；Krishnan，2003）。我国的资本市场仅有十几年的发展历史，整个市场还有许多不完善的地方。作为资本市场重要的组成部分——审计市场自脱钩改制以来，虽然已呈现了国际四大所、国内十大所以及国内一般所共存的局面（中国证监会，2005），但基本上处于买方市场状态，因此现阶段应从审计需求方研究我国的审计市场，研究企业选择不同事务所的动机，通过不断的创造和引导高质量的审计需求，促进高质量的审计供给，优胜劣汰，形成良性循环的审计市场，最终促进整体审计质量的不断提高，达到提高审计市场以及资本市场效率的目的。

近几年，我国审计市场出现了一种态势，以"四大"为代表的国际会计师事务所无论在业务收入，还是客户资产规模等方面都远远领先于国内会计师事务所，而国家层面的大所（国内"十大"）又领先于地方小所。与之相对应的是，国际四大所的审计收费远远高于国内所，国家层面的大所收费又高于地方小所，这实际上就为我们提出了一个研究课题：首先，国际"四大"、国家层面的大所与地方小所的审计质量是否存在系统性差异？更通俗地讲，即是否是"一分钱一分货"，物有所值？其次，在现有的市场结构下，企业作为审计服务的需求方，其选择不同质量事务所的动机是什么？最后，外部审计是否有效发挥了其经济价值，使企业的选择行为产生应有的经济后果？另外，由于我国市场经济具有新兴加转型的特征，因此，研究我国的审计市场不能忽视政府在其中的角色。特别是近几年我国审计市场发生了巨大的变化，政府对市场的干预逐渐由"看得见的手（visible hand）"向"看不见的手

(invisible hand)"转变,审计市场的供需关系也逐渐市场化。在政府角色转型的过程中,政府是如何影响企业选择事务所行为的? 其在企业选择事务所行为中是充当攫取之手(grabbing hand)还是帮助之手(helping hand)? 正是上述这些疑问激发了笔者浓厚的兴趣,这也是笔者以政府干预、所有权安排与事务所选择研究为博士论文选题的动机所在。

　　研究这些问题的理论意义在于:首先,审计质量是审计理论研究的核心话题,无论在何种市场结构下,审计服务产品的差异化是研究审计市场其他问题的基础,如不同市场结构中的审计师选择与变更、审计定价问题、审计判断问题、审计师任期问题以及审计的经济意义问题等。其次,审计需求是审计市场良性运行的一个决定性的环节,对该问题的研究将是我们认识和把握审计市场动态关系的关键。因为审计市场与一般产品市场类似,其需求结构对审计产品的供给具有重要的影响。如果审计市场存在对高质量审计产品的需求,那么市场竞争会使得提供高质量审计的一方脱颖而出,所以随着市场对高质量审计需求的增加,将最终提高整体的审计质量;反之,如果审计市场缺乏这种需求,甚至出现对低质量审计需求的大量增加,那么市场竞争的结果将会导致"柠檬市场",整体审计质量将降低。最后,这些问题的回答将为我国转型经济下独立审计的经济功能及其在公司治理中的角色定位提供直接经验证据,也为我们了解政府在审计市场中扮演的角色提供经验证据。

　　研究这些问题的现实意义在于:首先,为监管者如何引导审计需求的健康发展提供了思路。我们的研究表明,进一步转变政府角色是改善审计市场的关键;其次,为投资者的市场定价提供了帮助。选择不同事务所的企业具有不同的动机,通过了解这些动机,投资者能更准确地对企业进行市场定价;最后,为企业理性选择事务所提供了指导。我们的研究表明,审计质量具有市场定价功能,资本市场能够辨别不同质量事务所之间的差异，并在资源配置中作出积极的反应，因此企业应该考虑到事务所选择产生的经济后果，从而作出理性决策。

1.2 研究思路与研究方法

1.2.1 研究思路

独立审计的产生首先源于市场的自发需求，但由于市场机制存在市场失灵，从而使审计与政府管制具有了天然的联系。在我国新兴加转轨的市场上，不能静态地看待研究的问题，必须分析我国的现实约束条件，用发展的眼光来分析它们，因此研究我国审计市场中的公司行为，不仅是在研究一个现实问题，需要了解现实环境，也是在研究一个历史问题，需要具有历史的眼光；研究者需要把相关问题放在一个动态的制度环境中进行分析和研究。由于制度变化在一定程度上会影响行为和动机，而我国审计市场在政府的管制下，经历了诸多的变革，审计服务的供给方和需求方均呈现多元化的态势。在这样的背景下，企业选择事务所的动机是否会发生变化①，本书首先从理论上分析了上市公司选择不同质量事务所的动机，并运用管制经济学的公共利益理论和管制俘获理论分析了政府管制对审计市场供给的双重影响，运用机会主义观和效率观分析了不同层级政府管制对审计市场需求的双重影响，并结合我国的制度背景提出了可能用于解释我国企业选择不同种类事务所的动机。

本书的研究目的在于从我国现实的经济约束条件②出发，在分

---

① 由于早期的研究普遍认为我国对高质量审计的有效需求不足（李树华，2000）。
② 我国目前的制度约束条件为大政府、小市场，政府在经济中扮演着举足轻重的角色。

析我国现阶段审计市场仍然处于买方市场，上市公司终极所有权呈现多元化态势的基础上，研究了公司选择不同事务所的动机及其选择行为的经济后果。本书的研究思路图具体如图 1-1 所示：

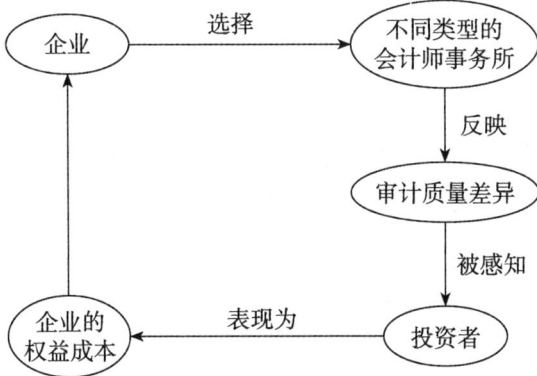

图 1-1　研究思路图

　　无论在任何市场结构下，公司选择事务所的前提都是：市场上必须存在质量差异化的审计服务产品可供选择。而在我国这样一个新兴的审计市场上，在目前的市场结构下，不同类型的事务所的审计质量是否存在系统性差异仍然缺乏一致性的结论。因此，本书首先研究了在我国审计市场上各会计师事务所的审计质量是否存在差异化。在审计质量方面，国外传统的研究是以事务所规模和品牌作为审计质量的代理变量（Palmrose，1984；Simunic& Stein，1987；Francis & Wilson，1988；Defond，1992；Teoh & Wong，1993），将事务所分为"四大"和"非四大"（早期为"八大"和"非八大"及"六大"和"非六大"）；国内目前的研究基本上也采用类似国外研究的分类方法，将事务所分为"四大"和"非四大"、国内"十大"和"非十大"、国内"五大"和"非五大"及国内"八大"和"非八大"（李树华，2000；卢文彬，2003；蔡春等，2005；张奇峰，2005），然后从不同的角度检验不同类型事务所的审计质量是否存在差异，要么从事务所出具的审计意见的角度（李树华，2000），要么从盈余管理的角度（蔡春等，2005）或从会计信息质量的角度（卢文彬，2003），要么从盈利反映系数的角度（张奇峰，2005），然而相关的研究均未得出一致性的结论。本书也采用传统的分类方法，将会计师事务所分为"四大"和"非四大"，国内"十大"和"非十大"；同时，由于我国审计市场上政府既干预上市公司，又干预会计师事务所，本书又按事务所是否在证监会 2001 年公布的具有复核审计资格的事务所之列，将事务所分为具备复核资格的和不具备复核资格的事务所，以研究政府是否会为这些事务所带来管制"租金"。

由于审计服务的特殊性，致使其产品质量具有不可观测性，不能直接识别，因此审计质量分为实际的质量（actual quality）和市场可感知的质量（perceived quality），前者通常用其监督力量（monitoring strength）来衡量，例如可操控性应计项目；而后者通常用可被感知到的审计质量特征来衡量，如声誉（reputation）、规模等（Ann L.，William 等，2004）。由于审计师的监督力量是通过提高信息精度，减少信息中的噪音和偏误来影响信息质量的（Wallace，1980），它代表了审计师最小化企业呈报的经济交易、事项与真实的经济交易、事项之间差距的能力，因此审计师的监督力量越大，经审计后的财务报表应该越能反映企业真实的经济情况，呈报的会计盈余越能反映企业的经济盈余。因此，可以预期，在其他条件相同的情况下，审计服务的质量越高，公司的财务呈报精度就越高，会计信息的可靠性就越大，会计盈余与经济盈余之间的联系性就越强。由于会计信息的透明度是指"企业的会计盈余对真实经济盈余的反映程度或投资者通过企业的会计信息看穿企业行为的程度"（Bhattacharya，Daouk & Welker，2003；王艳艳、陈汉文，2006），会计信息的透明度越高，会计盈余与经济盈余之间的关联性就越强，因此本书以事务所的客户会计信息的透明度

6

来评定审计师的实际质量，以界定不同事务所之间服务的质量差异。

在界定了不同类型会计师事务所的审计质量后，我们将进一步研究公司是如何选择事务所的，哪些公司会选择高质量的事务所，哪些公司会选择低质量的事务所？其选择不同类型事务所的动机何在——经济动机抑或管制动机？

Coase（1937，1960）、Alchian（1965）、Demsetz（1964）、Cheung（1983）及后来的产权经济学者都强调产权与制度安排在决定经济行为中的交互作用。习俗、社会规范、法律及法律体制对一个国家或地区的产权结构及治理体制的形成发挥着重要的作用，制度环境决定了企业的产权安排。当一个国家的制度安排无法有效保护产权所有者的利益时，契约的私人执行是一种行之有效的替代和自我保护方式。股权结构本身将影响私人契约的实现程度，因为它会影响产权所有者执行这些契约的能力与动机。高度集中的股权结构便是在投资者保护程度较弱的制度下，一种有效的"自保"方式（Shleifer & Vishny，1997；La Porta 等，1999）。同时，由于控股股东会通过人事安排实现其控制权，因此在这种所有权结构下，存在两层代理问题：一层是控股股东和外部中小投资者之间的代理问题；另一层是管理层的内部人控制问题。第一层代理问题将造成大股东侵占中小股东的利益，第二层代理问题则是对所有股东利益的侵占，但在大股东绝对控股的情况下，后者依附于前者。在我国，由于外部法律制度环境比较薄弱，遵循上述逻辑，高度集中的股权结构是特定制度下产权安排的结果。在这种所有权结构下，研究我国上市公司的微观行为，也必须考虑企业中存在的双重代理问题。公司的事务所选择行为是各方利益主体均衡、较量的结果，我国大部分上市公司由国有企业改制而来，政府在企业中基本处于绝对或相对控股地位，而产权经济学表明，公有产权的主要特征之一就是政府干预，因此，政府对上市公司的干预程度的差异及由企业最终控制权决定的企业代理结构的差异，均将导致公司的事务所选择行为存在差异。

因此，本书首先按照最终控制人的类型将上市公司区分为地方政府控股、中央政府控股和非政府控股三种类型，以研究政府在其中扮演的角色，以及政府是如何影响企业选择事务所的。其次，本书分别以管理费用率①代表管理层控制，以股权集中度代表大股东控制，研究了我国现行的所有权安排导致的双重代理问题对公司选择会计师事务所行为的影响。同时，由于我国政府的干预程度存在地区差异，且很不均衡（樊纲、王小鲁，2003；夏立军、方轶强，2005），企业的事务所选择行为受外部市场化程度和法制化程度的影响（Choi & Wong，2002；Francis，2001），为此，本书又采用樊纲、王小鲁（2003）报告的 2000 年度各地区治理环境数据，将市场化指数、政府干预指数和法治水平指数的综合得分作为企业外部治理环境的代理变量，控制了外部宏观因素的影响。

在回答了公司选择事务所的动机问题之后，我们进一步研究了企业选择事务所行为的经济后果，即企业选择不同质量的事务所是否达到了其预期的目标，是否达到了降低资本成本的目的。该问题的回答也间接地为独立审计的功能提供了证据。

总之，本书研究的问题可以分为三个层次，具体如图 1-2 所示。我们试图回答的问题是：（1）在我国目前的审计市场上，各事务所的审计服务质量是否存在系统性差异？（2）在现有的制度环境下，公司选择事务所的动机是什么？政府在其中充当了什么角色？（3）公司选择事务所的经济后果如何，是否达到了降低资本成本的目的？

---

① 管理费用率是管理费用与总资产的比率（Ang，Cole & Lin，2000）。

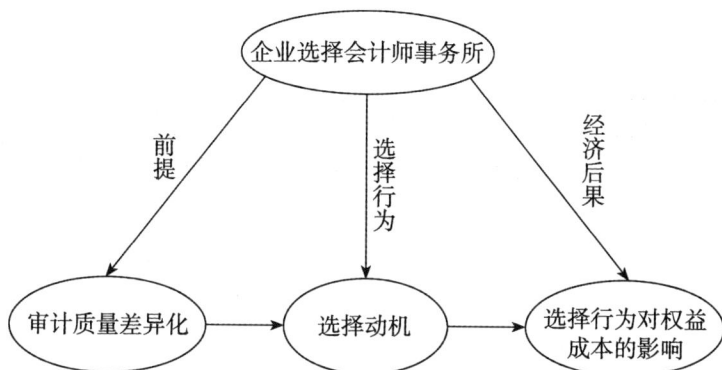

图 1-2　研究问题框架图

1.2.2　研究方法

　　本书采用规范分析和实证检验相结合的研究方法，并以实证研究方法为主。在采用规范分析的方法时，本书以管制经济学理论为基础，分别从竞争性理论出发分析了政府管制对审计服务供给和需求的影响，以及企业选择高质量事务所的动机和事务所提供高质量审计服务的动机，为后文的实证检验奠定了理论基础。在采用实证研究方法时，本书结合中国的制度背景，运用分段线性回归和曲线回归的方法检验了政府行为①影响下企业选择事务所的动机；运用两阶段最小二乘法（2SLS），在控制了"自选择偏误"和内生性问题的影响后，研究了审计质量的差异化问题和企业选择不同事务所的经济后果；此外，在研究经济后果时，本书通过建立模型与实证检验相结合的方法，以增强结果的可靠性。

　　文中数据来自于香港理工大学与深圳国泰安信息技术有限公司

---

　　①　后文中的政府管制和政府干预均属于政府行为范畴。本书对于政府管制和政府干预未进行详细的区分，在文中交替使用。

联合开发的 CSMAR 数据系统，缺失数据来自于巨潮资讯网站（http：//www. cninfo. com. cn）。本书数据处理使用 Stata 8.0 和 Matlab 6.5 计量分析软件进行。

1.3 本书结构及研究框架

全书共分为七章，除第一章引言外，其他章节内容安排如下：

第二章构建了本书的理论基础，试图从理论上探讨与分析独立审计需求产生的经济根源与政府管制之间的关系。首先，从产权经济学的角度分析了独立审计产生的根源及管制根源；其次，从审计需求理论出发分析了公司选择事务所的经济动机以及事务所保持高质量服务的动机；最后，从管制经济学的角度分析了政府干预对公司选择事务所行为的影响。

第三章介绍了制度背景和我国审计市场的描述性统计，并回顾了现有的相关研究文献。它由以下四部分组成：政府管制对审计服务供给的双重影响及我国审计市场的描述性统计；制度变迁与审计需求的变化；我国上市公司的所有权安排与事务所选择；审计质量与事务所选择相关文献的回顾。其中，政府管制是影响审计市场供给方、需求方的因素，本书在分析我国审计市场的制度背景后，结合现有的研究提出了要研究的主要问题。

第四章对我国审计市场中不同类型事务所的质量差异化进行了检验，这是企业选择事务所的外在必备因素。首先，分析了审计质量与会计信息透明度的关系，并提出假说；然后，在 Basu（1997）模型的基础上，加入审计师变量，检验了我国不同类型事务所审计质量的差异化，具体包括模型设计、变量说明、实证结果分析和敏感性测试。研究结果表明，目前，我国审计质量对会计信息透明度的影响存在差异化。具体表现在："四大"审计的上市公司会计信息的透明度显著高于"非四大"审计的上市公司；进一步将内资事务所按业务收入排名划分为国内"十大"与"非十大"，按是否具备专项复核资格划分为具有专项复核资格和不具有专项复核资格的事务所后，审计质量对会计信息透明度的影响证据比较微弱。

第五章研究了政府干预、所有权安排对企业选择事务所行为的影响，主要是为了检验我国企业选择事务所的动机。具体包括假说发展、模型设定、变量说明及实证结果分析等。研究结果综合表明，政府管制因素和所有权安排均会影响上市公司选择事务所的行为，目前上市公司选择事务所既存在经济动机，也存在管制动机，政府在审计需求方面既有"攫取之手"，又有"帮助之手"。

第六章研究了企业的事务所选择行为对权益资本成本的影响。具体包括理论基础与假说发展、研究设计与实证结果分析。研究结果表明，在信息不对称程度较高的企业中，选择规模较大、服务质量较高事务所的企业，权益资本成本显著较低。这说明在我们目前的转型经济体制下，随着市场经济的发展，外部审计的功能也在逐渐恢复，企业可以通过选择高质量的事务所来降低信息不对称，达到降低资本成本的目的。

第七章是全书总结。包括研究结论和启示、研究创新、贡献、局限性和未来研究方向三个部分。

本书的总体框架图如图 1-3 所示：

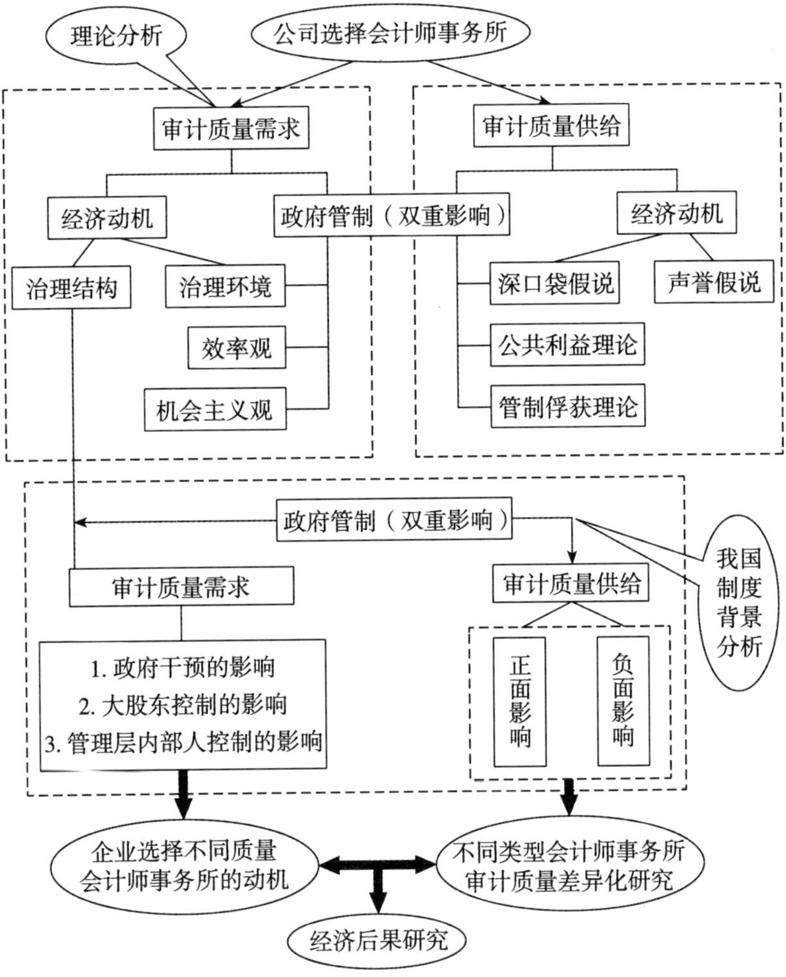

```
         ┌─────────┐      ┌──────────────────┐
         │ 理论分析 │      │ 公司选择会计师事务所 │
         └─────────┘      └──────────────────┘

    ┌─────────────────────────────┐  ┌─────────────────────────────┐
    │      ┌──────────┐           │  │      ┌──────────┐           │
    │      │ 审计质量需求 │          │  │      │ 审计质量供给 │          │
    │      └──────────┘           │  │      └──────────┘           │
    │                             │  │                             │
    │ ┌──────┐  ┌────────────┐    │  │ ┌────────────┐  ┌──────┐    │
    │ │经济动机│  │政府管制（双重影响）│  │ │政府管制（双重影响）│  │经济动机│  │
    │ └──────┘  └────────────┘    │  │ └────────────┘  └──────┘    │
    │┌──────┐ ┌──────┐            │  │ ┌────────┐  ┌────────┐      │
    ││治理结构│ │治理环境│           │  │ │深口袋假说│  │声誉假说 │      │
    │└──────┘ └──────┘            │  │ └────────┘  └────────┘      │
    │         ┌──────┐            │  │ ┌──────────┐                │
    │         │效率观 │            │  │ │公共利益理论│                │
    │         └──────┘            │  │ └──────────┘                │
    │        ┌────────┐           │  │ ┌──────────┐                │
    │        │机会主义观│          │  │ │管制俘获理论│                │
    │        └────────┘           │  │ └──────────┘                │
    └─────────────────────────────┘  └─────────────────────────────┘
```

图 1-3　全书研究思路与内容框架图

图 1-3　全书研究思路与内容框架图

理论分析　公司选择会计师事务所

审计质量需求　审计质量供给

经济动机　政府管制（双重影响）　经济动机

治理结构　治理环境　深口袋假说　声誉假说

效率观　公共利益理论

机会主义观　管制俘获理论

政府管制（双重影响）

我国制度背景分析

审计质量需求

1. 政府干预的影响
2. 大股东控制的影响
3. 管理层内部人控制的影响

审计质量供给

正面影响　负面影响

企业选择不同质量会计师事务所的动机

不同类型会计师事务所审计质量差异化研究

经济后果研究

2 独立审计需求与政府管制：理论构建

独立审计的历史久远，大约 2 000 ~ 3 000 年前审计就已经出现了，但现代意义上的审计是在经济规模以及经济组织的复杂性达到一定程度后才出现的。关于审计质量需求的动机存在两种观点：一种认为，独立审计质量需求源于管制，即独立审计是由于监管产生的，审计和管制（regulation）有密切关系，因为大家现在看到的审计基本上不具有自愿的性质。例如，我国《证券法》规定，上市公司的财务报表必须经具备证券从业资格的事务所审计，所以从表象看，审计似乎是由监管引起的。另一种观点认为，对审计的需求早于管制，虽然审计和管制有密切的关系，但审计并不是由于管制而产生的。例如，在纽约证券交易所（NYSE）上市的 82% 的公司在 1933《证券法》和 1934 年《证券交易法》颁布前就曾雇用外部审计（Benston，1969），并且根据 Watts & Zimmerman（1983）考证，早在公元 10 世纪前后的英国商业行会（Guild）时期，就已经出现了有组织的审计活动。因此，认为审计质量的需求动机源于审计的经济意义而非管制似乎是合理的。那么，对独立审计需求到底是出于市场的自发需求还是管制？我国上市公司选择事务所的动机是什么？政府在其中到底扮演了何种角色？要回答这些问题，需要首先分析独立审计产生的原因及其经济功能。本章第一节从独立审计的产生与政府管制的关系入手，分析了审计需求的经济动机与管制动机的根源；第二节分析了公司选择事务所的动机及事务所保持高质量的动机；第三节分析了政府在公司的事务所选择行为中充当的角色，具体理论分析框架图如图2-1所示。

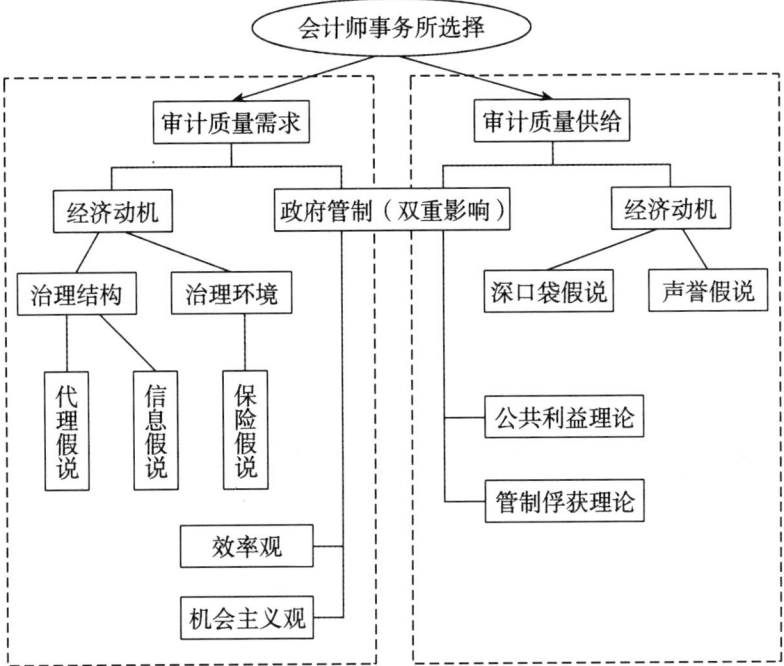

图2-1　理论框架图

2.1　独立审计需求的经济动机与管制动机的根源

传统的审计理论认为，财产所有权和经营权的分离是审计产生的基本前提和客观基础，审计的存在是为了解除委托人与受托人之间的受托责任关系，企业对独立审计的需求是一种自愿需求。但是，在现代的制度安排下，各国法律通常都强制要求上市公司接受独立审计，公布经过审计的财务报告，所以从表象上来看，审计需求不具有自愿的性质，似乎是由监管引起的。那么，独立审计到底是源于市场的自发需求还是管制呢？要回答这一问题，需要首先分析审计的产生与历史发展，以及其与政府管制之间的关系。本节首先从产权经济学的角度分析了审计需求产生的根源，然后分析了政府管制动机的根源。

2.1.1 独立审计产生的经济根源：产权经济学视角

产权安排是独立审计产生的经济根源。根据产权经济学的基本观点，如果市场是完美的，合同是完备的，并且能够被有效执行，谁拥有产权无关紧要；如果完备的合同不存在或不可能被有效执行，则由于目标的差异，不同所有者拥有产权对企业的行为将产生巨大的差异，产权的分配直接影响人的行为动机。Coase（1937）首次从交易费用的角度阐释了企业存在的原因，如果某项经济活动在市场上进行的交易费用大于在企业内部进行，则有必要在企业内部进行。Demsetz（1964）认为，产权的交易和执行成本决定了产权的分配方式，即市场的竞争力量会迫使企业采用最有效的组织结构，以最小化交易费用带来的效率损失。Alchian & Demsetz（1972）则从组织成本的角度进一步阐释了企业存在的原因，他们认为团队生产存在道德风险，企业是团队生产条件下计量问题[①]（metering problem）的产物。企业的存在是为了降低团队生产的计量成本，由于所有者具有收益权（cash flow right）、任免权以及转让权，因此，他们可以通过监督来降低计量成本。Cheung（1983）继续深化了 Coase 的分析，认为企业是要素投入者为了获得交易的帕累托改进而进行的一种交易。为了得到分工的比较优势，拥有管理才能和信息优势的要素投入者和资本要素的投入者进行交易，从

---

① Alchian & Demsetz（1972）认为，计量问题是组织成本的一种。

而造成了资产控制权与所有权的分离，而且对特殊知识（specific knowledge）的依赖程度越高，知识的传递成本越高，两权分离的程度则越大（Jesen & Meckling，1992），这就使得管理者存在机会主义行为。在交易成本为零的世界里，只要产权界定清楚，管理者的机会主义行为不会造成效率上的损失（Coase，1960），但是现实经济中，交易费用是存在的，所以管理层对股东利益的侵占会导致效率的降低，产生代理成本（Jesen & Meckling，1976）。

Coase（1937，1960）、Alchian（1965）、Demsetz（1964）、Cheung（1983）及后来的产权经济学者同时也从公司治理和公共治理之间的关系出发解释了企业中的所有权结构，他们强调产权与制度安排在决定经济行为中的交互作用。习俗、社会规范、法律及法律体制对一个国家或地区的产权结构及治理体制的形成发挥着重要的作用，制度环境决定了企业的产权安排。当一个国家的制度安排无法有效保护产权所有者的利益时，契约的私人执行是一种行之有效的替代和自我保护方式。所有权结构本身将影响私人契约的实现程度，因为它会影响产权所有者执行这些契约的能力与动机。高度集中的股权结构便是在投资者保护程度较弱的制度下，一种有效的"自保"方式（Shleifer & Vishny，1997；La Porta，1999）。在这种所有权结构下，控股股东与中小股东之间由于目标函数的差异，二者存在利益冲突。

而 Jesen & Meckling（1976）则从企业的所有权安排出发，提出了代理成本问题，并认为由于代理成本的存在，管理层有动机设计一些机制来降低代理成本。因为应计制会计下的大量操控性项目给管理层操纵会计数字实行机会主义行为提供了机会，为了降低代理成本，在受保护程度较低的环境中，投资者认识到内部人侵占公司利益的风险，因此会通过价格机制实现自我保护，以较高的资本回报率和较低的价格购买股票，而此时内部人要承受股票发行的高成本，接受投资者的惩罚。因此他们有动机采取措施来限制其自身的行为，从而向投资者证明自己的行为（Jensen & Meckling，1976）。而独立审计就是作为其中一个有效的缓解代理冲突的机制而存在的（Watts & Zimmerman，1983）。

基于这些经济学理论，传统的审计理论也认为，独立审计产生的根源在于企业所有权与经营权的分离，在这种两权分离的条件下，委托人（财产所有者）与代理人（财产管理者）之间存在着信息不对称，而这种信息不对称和信息不充分会导致逆向选择和道德风险，委托人为了降低代理成本会对代理人进行监督和激励。但由所有者亲自实施监督的成本太高，交易费用巨大，为节约交易费用，所有者需要委托具备专业知识和技能的人来承担监督职责，即要求独立的第三方对代理人的受托责任履行情况进行鉴证，而代理人为了避免委托人对其报酬进行逆向调整，解除受托责任，也愿意接受独立第三方对其呈报的业绩进行审核、检查，因此基于节约代理成本的考虑，便产生了独立审计。独立审计是对代理人自我认定、计量和编制的受托责任报告，按照公认审计准则和审计程序的要求进行的重新认定和判断（王光远，2002）。降低代理成本，节约交易费用在决定独立审计产生的同时，也决定了其独立性的本质属性。

因此，对独立审计的需求源于促进资本市场上契约当事人（包括股东、债权人、管理层以及潜在投资者等）之间交易的顺利进行（Arruñada，2000），对独立审计的需求降低了契约执行的交易成本。经验研究的结果也表明，随着所有权与控制权的分离而引起的代理冲突日益增加时，也带来了对审计服务的大量需求，代理冲突严重的公司更倾向于自愿选择会计师事务所（Chow，1982），同时，当审计质量提高时，代理成本大幅下降（Defond，1992）。如果审计师能够提供高质量的审计服务，能对财务报表提供公正、公允的鉴证，提供尽可能多的对契约当事人有用的信息，那么独立审计就能在一定程度上缓解信息不对称问题和促进交易的实现；如果审计师提供的审计服务是低质量的，不能提供对投资者有用的额外信息，甚至是误导契约当事人，加剧信息不对称，那么将不会产生对审计的自愿需求，独立审计就不会有存在的市场条件。因此，独立审计能够存在和发展是市场选择的结果。正如夏恩·桑德所指出的那样，"外部审计不仅早于美国的社会经济政治体制，而且在其他社会也一样久远，审计的许多形式（如内部审计和质量控制）在政府扮演重要角色之前就已经存在。认为所有的外部审计是政府管制的产物的观点是不正确的。相反，这种管制是社会对外部审计的公共物品属性作出反应的产物。"[①]

2.1.2 独立审计存在与发展的必要补充：政府管制

然而，审计服务是一种特殊的商品，符合信任品的特征，这就使审计市场具有成为"柠檬市场"的潜在风险。因为审计质量是指"审计人员发现并报告财务报告中错报、漏报的联合概率（DeAngelo，1981）"，质量的高低取决于审计师的专业胜任能力（审计师发现财务报告中错报、漏报的能力）和独立性（审计师提供客观、公正的审计意见的意愿），而审计师的专业胜任能力和审计独立性是不可观察的，审计服务的需求方或消费者（股东、债权人以及其他报表使用者）既缺乏足够的信息和专业知识对审计产品的质量作出判断，又不可能花费巨额成本来鉴证审计质量，这就注定了审计服务的供给方和需求方存在信息不对称，审计服务存在着道德风险，事务所可以根据自身的利益，随时调整自己的努力程度和独立性意愿，来改变审计质量。一旦大部分事务所都提供低质量的审计服务，则会出现"劣币驱逐良币"的现象，提供高质量服务的事务所将会被驱逐出市场。随着审计市场中整体审计质量

---

① 夏恩·桑德. 会计与控制理论［M］. 方红星，译. 大连：东北财经大学出版社，2000：102-103.

的下降，需求方对审计服务的自发需求就会消失，从而引发逆向选择，最终导致整个审计市场成为一个"柠檬市场"。

同时，随着资本市场的发展，企业规模的扩张以及组织结构的复杂化，所有权与控制权的高度分离，审计服务的需求方出现了分化，产生了终极需求者①和代理需求者②，二者之间也是委托—代理关系，这为事务所降低审计质量，与代理需求者合谋提供了必要条件。因为在当今的资本市场上，会计信息的需求者不仅包括企业的大股东、债权人，还包括众多的中小投资者和其他利益相关者（如机构投资者、分析师）等，如果按照市场经济"谁付费、谁消费"的原则，则每个利益相关者均应各自付费来购买审计服务，就会导致社会福利的损失。为了节约交易成本，外部审计已经逐渐演化成今天的法定审计制度，由上市公司代表股东雇用外部审计对公司的财务报表进行年度审计，并公开披露财务报表和审计报告，这就使审计服务具备了某些"公共物品"的属性。另外，在当今所有权与控制权高度分离的公司治理结构下，事务所不再是受雇于全体股东，而是受雇于内部人或管理层，于是就出现了由内部人或管理层付费雇用独立审计对自身呈报的财务报告进行审计的市场悖论，而审计服务的最终需求者却是外部股东、债权人和其他利益相关者。因此，审计服务不再符合"谁付费，谁消费"的原则，事务所与公司之间存在着财务利益关系，在这种情况下，事务所也很难保持超然的独立性，其服务质量就受到了挑战，同时，也为事务所的道德风险埋下了隐患，此时便出现了独立审计的制度陷阱③。

根据管制经济学，如果一个市场中存在公共物品和不完全信

---

①　最终需求者是指审计服务的最终消费者，即真正需要利用审计报告判断被审计单位财务呈报信息可靠性的利益相关者。通常是指企业资金的供给者，即投资者和债权人。
②　代理需求者是指审计服务的直接购买者，在当今的公司治理结构下，通常是指企业的内部人、控股股东或管理层。
③　企业管理当局自己选择会计师事务所来对他们进行审计，并付费给会计师事务所，但会计师事务所却向不付费的投资者和债权人等利益相关人负责。

息的特征，则市场机制就不能完全有效发挥作用，那么对该市场进行管制就是必要的。审计市场既具备公共物品的特征，又具备不完全信息的特征，因此从公众利益出发，应该对市场实施监管以有效抑制道德风险和逆向选择，弥补市场失灵，提高资源配置的效率。作为"守夜人"的政府，其主要职责是制订各项法律、法规和规则以及实施必要的监管措施来约束审计关系各方的行为，维护审计的独立性，为整个审计市场的审计质量提供机制保障。

因此，对独立审计的需求首先是源于其经济意义，是为了降低市场中的交易费用和企业的代理成本，是市场选择的结果。但是审计又离不开管制，和管制有着密切的联系。政府管制是一种补充性制度安排，是为了弥补市场选择的缺陷和纠正市场失灵，因为一旦市场本身的缺陷导致了市场失灵，出现了违背独立性的情形，就需要政府管制来纠正偏差，否则将会导致严重的后果：要么市场整体审计质量下降，要么独立审计失去经济意义，退出资本市场。

2.1.3 小结

总之，产权安排是独立审计产生的经济根源，但由于审计服务产品质量的不可观测性，使其又离不开管制，与管制有着密切的关系。政府的管制是为了纠正审计服务产品的公共物品属性和质量不可观测性引发的信息不对称所导致的市场失灵，是独立审计发展的必然选择。产权安排影响的是审计服务的需求，政府管制矫正的是审计服务的供给与需求，二者的相互作用决定了审计市场的供需结构。那么，作为审计服务的需求方，企业选择不同事务所的动机有哪些？作为审计服务的供给方，事务所是否具有保持高质量服务的动机？本书将在下一节回答这些问题。

2.2 公司选择会计师事务所的经济动机

由上节分析可知，独立审计的产生是制度安排的结果，对独立审计的需求源于其经济功能。而独立审计经济功能的最终目标就是降低企业的代理成本，减轻资本市场中的信息不对称和交易费用，最终降低企业的资本成本，提高资源的配置效率，此即独立审计的经济价值所在（Wallace，1980，1987）。那么，公司作为自利的"经济人"，其选择事务所的最终动机是什么呢？现有的研究对公司选择事务所的动机存在三种理论解释：代理理论、信息理论和保险理论。但是，这三种理论适用的制度背景是否存在差异？哪种理论更能解释我国公司对事务所的选择行为呢？本节在探讨这三种一般理论后，具体分析我国上市公司选择事务所的可能动机。

2.2.1 独立审计需求的一般理论

1）代理理论或监管假说（stewardship/monitoring hypothesis）

在代理理论下，对独立审计的需求源于代理关系（Watts & Zimmerman，1986）。由于企业是由一系列的契约组成的（Coase，1937；Alchain & Demsetz，1972），代理人与委托人之间存在一个有效契约，在这个有效契约下，委托人既可以控制代理成本，也可以使双方的利益都达到最大化。按照新制度经济学的解释，由于委托人和代理人之间存在着有限理性、机会主义行为和资产专用性

（specific assets）①，使得委托—代理契约不完全。而不完全契约将会导致委托人和代理人之间的逆向选择问题和道德风险问题。如果委托人和代理人的目标都是自身利益最大化，并且代理人的活动不能无成本地被委托人监督，那么代理人的行为将不会总是最有利于委托人的利益。理性的委托人预期到代理人机会主义行为的可能后，将通过调整支付给代理人的价格来获得某种自我保护。例如，在订立报酬合约时，委托人会事先扣除管理当局的侵占费用。由于企业有效契约的基础是管理当局呈报的财务报表，管理当局为了提高财务报表的可靠性，使报表提供的信息可以作为双方缔结合约的有效基础，有动机通过雇用独立的第三方监控自己的行为，使代理人相信他们的机会主义行为受到了严格的监督。因此，独立审计可以降低企业中的道德风险，降低信息的不对称性。

根据代理理论，审计服务的需求方是企业的管理层或受托方，为了保证作为签约基础的会计数字的可靠性，管理层（受托人）有动机雇用独立的第三方监督自己。因为股东亲自监督管理者的支出（控制代理人的支出，包括计量和观察代理人行为的支出）直接体现为其工资的降低，即这些监督成本要由管理者自己来承担，因此，最小化监督成本对管理者是有利的。因此，与各个股东亲自收集信息并按消耗的成本调整管理者的工资相比，管理者从自身利益出发，有动机向股东提供经审计的财务报告（Jensen & Meckling，1976）。而聘请专业化的注册会计师比股东亲自监督能获得专业化分工所带来的好处，能够节约交易费用，减少社会福利的损失。

---

① 资产专用性问题起源于契约执行期间的问题。签订契约的双方在对经济组织进行投资时，都要在专用投资和一般性投资两种方案中选择。专用投资有利于提高生产效率，节省成本，但是如果契约不能如约履行或不得不提前终止，要改变这种专用投资的用途就非常困难，并使其经济价值大打折扣。资产专用性就委托代理关系来说，委托人一般投入实物资产，代理人一般投入人力资产，而这两种资产都存在资产专用性问题。再加上未来的不确定性，即使委托人和代理人对待风险的态度相同，也无法签订一个完全契约。

代理理论用于解释独立审计需求的关键在于市场具有"理性预期（rational expectations）"，委托人和代理人之间的契约是完全契约，即理性的个人将会考虑并理性地利用与他们决策有关的所有可获得的信息，因此他们不会犯系统性（systematically）的错误。其中，"系统性"是指理性的个人将会吸取过去的经验教训，他们不会总是被欺骗，或者说，委托人不会总是被代理人所掠夺（ripped off）。根据理性预期理论，委托人将会完全预期到代理人的自利行为会偏离委托人的利益，并能够估计出这种偏离的影响，从而通过价格调整（支付给代理人的工资）对此成本进行补偿。因此，在具有理性预期的市场上，委托人这种调整价格以实现自身保护的能力，使代理人而非委托人成为外部监督活动的需求方。而委托人出于价格保护，基本对监督活动漠不关心。同理，股东与管理层之间的委托—代理关系可以类似地演绎到雇员和雇主、债权人和股东、公司内的不同层级之间、政府与纳税人等代理关系中。因此，公司管理层（代理人）具有主动选择事务所以监督自己行为，并向委托人证明的动机。

2）信息理论或信息假说（information hypothesis）

在信息假说下，对独立审计的需求源于公司内部人与投资者之间的信息不对称，以及会计信息在投资者评估企业市场价值或偿债能力方面的作用。由于投资者与公司之间存在着信息不对称，而经过审计的财务报表能为投资者提供决策有用的会计信息。在通常的投资决策模型中，公司的价值是未来现金流的折现，而计算未来现金流及其贴现值，则需要会计信息。审计的价值在于提高财务信息的质量，降低信息风险，提高决策水平（Beaver, Kettler & Scholes, 1970），使投资者获得更高的市场回报。

以上分析视角是从审计在提高投资者决策效率方面的作用出发的，但是，即使独立审计不能直接产生价值，由于信息假说与信号理论密不可分，企业雇用高质量审计的行为依然可以作为一种信号显示，向企业的利益相关者传递其会计信息可靠、高管人员正直的信息，因此仍然有利于提高他们对企业的价值评估。

根据信息理论，审计服务的最终需求方是企业的投资者，因为会计信息是投资者合理决策和判断企业市场价值的基础，为了提高信息的精度，降低信息不对称，他们要求企业雇用独立的第三方对企业的财务报告进行审计。管理当局既可能是代理需求者，也可能是最终需求者，他们对独立审计的需求既可能是主动的，也可能是被动的，这也是代理理论与信息理论的不同之处，代理理论强调代理人具有主动接受外部审计监督的动机，会计信息则是控制代理人行为的监督机制。但是代理理论和信息理论并不是完全互斥的，二者在某些方面是重叠的，因为某些会计信息既可以用于监督契约，也可以用于投资决策。

信息理论用于解释独立审计需求的关键在于信息在市场定价中的作用以及市场有效性。该理论认为，市场具有完备的价格保护机制，资产价格反映了所有可获得的信息。投资者如果缺乏足够的信息来区分不同质量的公司，市场价格就会调整到反映市场上所有公司的平均预期质量水平，那么高质量公司的股票价格就被系统性地低估，以至于使他们发行有价证券不再具有吸引力而退出市场。一旦投资者预期到高质量公司退出了市场，他们会继续调低价格，最终导致更多的公司退出市场，经过不断的市场价格调整，留在市场中的是那些低质量的公司，此即信息不对称引发的逆向选择问题（Akerlof，1970）。

在信息经济学中，解决信息不对称引发的逆向选择问题的手段之一就是信号显示（Spence，1973）。如果高质量公司能够采取某种模仿成本较高的措施让市场知道其质量高于市场平均水平，那么投资者与公司之间的信息不对称导致的逆向选择问题便可以有效缓解。自愿性信息披露和提供财务报告是常用的手段之一。但是由于该措施模仿成本较低，缺乏进入壁垒，低质量公司可能会模仿高质量公司提供财务报告，在投资者无法判断财务报告质量的情况下，依然会导致"劣币驱逐良币"的现象，使虚假财务报告的供给者将诚实财务报告的供给者赶出市场，导致"柠檬市场"的出现（Gonedes，1978）。因此，高质量公司在提供财务报告或进行自愿性信息披露的同时，还需要同时提供能够鉴别信息披露质量的措施，以使信息披露和财务呈报这一信号有效发挥作用。在资本市场中，独立审计充当了此鉴别机制的角色（Clarkson & Simunic，1994）。总之，在信息理论下，独立审计可以提供关于公司质量的信息，鉴别公司财务报告的可靠性，从而减轻信息不对称和降低市场中的逆向选择行为，因此公司具有选择高质量事务所向投资者传递信息和信号的动机。

3）保险理论或保险假说（insurance hypothesis）

保险理论在解释独立审计需求时，认为公司选择事务所的动机是为了转移部分财务披露的责任，认为事务所可以为投资者、债权人，公司经理、董事和其他团体提供某种形式的保险。该理论起源于美国，在美国事务所面临高诉讼风险的环境下具有较强的解释能力（Lys & Watts，1994）。因为美国 1933 年的《证券法》规定，如果投资者根据经审计的财务报表购买股票而招致损失，并且当发生了某种形式的审计失败时，投资者可以向事务所索赔；而事务所承担举证责任，其必须搜集证据以证明在审计过程中做到了应有的勤勉责任（due diligence），否则，将不得被免除责任。因此，会计师事务所成了赔偿投资者损失的潜在来源，使其可以在一定程度上为投资者提供保险（Dye，1993；Menon & Williams，1994）。此外，根据美国 1933 年的《证券法》规定，事务所不仅对投资者负有法律赔偿责任，而且对依赖其财务报告的其他职业团体也负有责任，并且二者之间是共同责任，而非比例责任。

但是，上市公司为什么不选择保险公司为其提供保险呢？Wallace（1980）认为存在以下四方面的原因：第一，独立审计的鉴证作用在社会中已经根深蒂固，在没有会计师事务所参与的情况下，所有的事务所都不能证实自身履行了应有的职业关注（duecare）；第二，会计师事务所作为共同被告能比保险公司作为第三方提供更有效的保险覆盖（insurance coverage），因为会计师事务所通常会培训全职的法律职员、雇用辩护律师以应对法律诉讼；第三，会计师事务所在面对法律诉讼时，不仅会考虑庭外和解带来的货币损失，还会考虑法庭判决所带来的声誉损失，而保险公司仅仅根据成本收益分析，基于货币损失在庭外和解和法庭判决之间权衡；第四，会计师事务所可以通过提高审计收费向全社会分散风险，而保险公司则不可能对所有的投资风险提供保险，因为事务所对其审计活动负责，可以通过更高的审计收费来转移诉讼成本。

保险理论能够解释审计需求，关键在于资本市场中具有严格的法律诉讼机制，事务所面对审计失败负有赔偿责任，这种赔偿责任使其具有了保险功能。在保险理论下，对独立审计的需求不仅来自于投资者，而且管理层和其他团体均有动机选择高质量的事务所。因为事务所不仅可以降低投资者的风险，提高公司价值，使其获得更高的投资回报，而且可以用来与公司管理层及其他职业团体承担共同责任，减轻它们的职业责任风险。因此，在法律赔偿体制完备的市场上，公司具有选择事务所为其相关利益主体提供保险的动机。

值得注意的是，保险理论、代理理论和信息理论在解释企业选择事务所的动机时不是毫不相干的，它们在某些方面可能存在重叠（Wallace，1980）。在代理理论下，公司选择事务所的动机是为了降低代理成本，而传统的代理成本包括监督成本、担保成本和剩余损失（Jensen & Meckling，1976），包含了解决委托人—代理人之间冲突的成本，而会计师事务所的"深口袋"（deep pocket）提供了一种解决冲突的方式，因此，保险理论和代理理论是相互联系的。在信息理论下，公司选择事务所的动机是为了降低信息不对称，提高投资者的决策效率，从而提高公司价值，该理论在企业内部的表现为较低的代理成本，因此信息理论与代理理论的本质基本相似。此外，由于事务所要对投资者买卖证券的损失承担赔偿责任，因此财务报告的可靠性关系到事务所的利益，投资者也正是意识到了这一点，才会认为经审计的财务报告比未经审计的财务报告更可靠，使得独立审计能够发挥其信息和信号价值，因此保险理论和信息理论也是互相交织的。

2.2.2   我国上市公司选择会计师事务所的动机

审计需求的三个假说共同表明：在成熟的资本市场中，由于市场竞争和价格机制以及监管和法律机制的共同作用，审计的经济价值在于提高资本市场中财务呈报的质量，降低企业的代理成本和资本市场中的信息风险，缓解信息不对称，进而降低企业的融资成本，达到优化资源配置的目的，最终为投资者提供保护。在代理理论下，独立审计服务的需求方为代理人（管理层），他们会主动雇用外部审计，公司选择事务所的动机是为了缓解委托人和受托人之间的代理冲突，降低企业的代理成本；在信息理论下，独立审计服务的最终需求方是企业的投资者，管理当局是审计服务的代理需求者，公司选择事务所的动机是为了缓解公司与投资者之间的信息不对称，提高公司的市场价值；在保险理论下，对独立审计的需求不仅来自于投资者，而且还包括管理层和其他职业团体，企业选择事务所的动机是为了向包括管理层在内的各利益团体提供保险。但是代理理论解释审计需求的关键是市场存在理性预期与完全契约，信息理论解释审计需求的关键是市场有效和存在完善的价格机制，保险理论解释审计需求的关键是资本市场中具有严格的法律诉讼机制，而任何一个市场不可能完全符合上述条件，因此企业选择事务所的动机很可能是上述三种理论的复合。

由于审计保险功能的实现需要事务所承担法定的赔偿责任和较

完备的法律惩戒机制，而我国目前的转型经济中，随着证券市场的规范与发展，虽然中小投资者法律保护已经逐步建立和完善起来，但是相关的惩戒规范，尤其是民事诉讼法规仍未完善与有效执行。惩戒法规的缺失严重影响了法律对投资者的保护作用，也严重影响了独立审计的投资者保护作用。虽然 2002 年 1 月 15 日，最高人民法院发布了《关于受理证券市场因虚假陈述引发的民事侵权纠纷案件有关问题的通知》，要求法院受理和审理因虚假陈述引发的证券市场上的民事侵权纠纷案件。并且在通知中规定，事务所、律师事务所、资产评估机构等专业中介机构可以成为虚假民事陈述证券民事赔偿案件的被告；专业中介服务机构及其直接责任人违反证券法第一百六十一条和第二百零二条的规定虚假陈述，给投资人造成损失的，就其负有责任的部分承担赔偿责任。但是该项《通知》并不会从根本上改变我国证券市场上的法律制度和法律风险问题，因为它给出了四项前置条件：只对已被证券监管部门作出生效处罚决定的案件进行；只受理在信息披露中进行虚假陈述的民事索赔案件；不接受集团诉讼；只有直辖市、省会城市、计划单列市和经济特区中级人民法院可以受理此类案件。其中，第一条前置条件大大限制了被诉讼的对象；这一规定还大大延缓了起诉的时效性，从而增加后续法律诉讼的成本；将受理对象限定为虚假陈述，使得一些故意隐瞒重大事项的信息披露不构成诉讼对象；不接受集团诉讼，使得会计师的赔偿责任大大降低，从根本上降低了法律风险的威慑作用，使得审计保险功能的实现缺乏制度保障。相关的法律赔偿责任虽然正在建立，但是实际执行仍然存在诸多障碍，仍然不完善，进而在一定程度上可能限制了审计保险功能的实现。同时，由于我国上市公司主要由原来的国有企业改制而来，而公有产权的一个重要特征是政府干预，在国有控股的上市公司中，企业的经理形式上是由董事会任命的，但所有的任命决策权依然掌握在行业主管部门手里（张维迎，1999）。作为一种行政任命，为了政治前途，他们通常会以选择高质量的独立审计为担保，来解除自己的受托责任，Deegan & Gordan（1996）、Belkaoui & Karpik（1989）认为高质量的独立审计可以为企业提供政治担保，降低政治成本。因此，在法制环境欠缺与政府干预的双重作用下，独立审计需求的保险假说在我国实际上演变成了政治保险假说，高质量审计服务成为企业降低政治成本的一种手段。

2.2.3 事务所保持高质量审计服务的动机

由于审计经济价值的实现需要审计质量做保障，并且市场必须能够区分不同的审计质量，如果市场不能提供高质量的审计服务供公司选择，公司选择事务所的动机也就无从谈起。那么，事务所保持高质量审计服务的动机是什么呢？

在市场经济下，事务所提供高质量审计服务，必定是为了实现某种目的，要么是为了获得奖励，要么是为了逃避惩罚，前者来自于市场竞争和价格机制，后者则来自于管制和法律机制。从这两种机制出发，关于事务所提供高质量审计服务，保持独立性的动机有两种假说，分别为声誉假说（reputation hypothesis）和深口袋假说（deep pocket hypothesis）。其中，声誉假说是从事务所长远的经济利益及自身保护的动机出发，认为审计不独立对其收费和品牌（brand name）的影响远超过客户未来的准租，因为审计声誉的建立是一个长期的过程，是通过与大量客户的长期反复交易才得以建立的，而一次审计失败就可能使其声誉丧失殆尽，进而导致市场份额的萎缩，安达信便是强有力的证据之一。因此，在其他条件不变的情况下，事务所有动机保持审计独立性，以获得来自市场竞争的奖励。深口袋假说则是从外部惩罚机制——诉讼成本的角度出发，认为事务所有较多的财富，面临的诉讼风险较高，一旦审计失败，承担的诉讼成本较高，且由于各合伙人互负连带过失赔偿责任，因此各合伙人之间有动机互相监督以保证审计质量。而实证上亦支持事务所为了避免声誉受损和诉讼成本，通常会增强独立性（DeAngelo，1981；Simunic & Stein 1987；Palmrose，1988；Defond，1998）。

虽然，在我国的资本市场上，由于审计的保险功能缺乏生存的制度环境，深口袋假说在解释事务所保持独立性方面缺乏说服力，但是，2006年7月31日蓝田股份案的判决①是中国第一例判决会计师事务所承担赔偿责任的证券民事赔偿案，这标志着我国独立审计保险功能的逐渐树立。同时，由于建立声誉机制是缓解审计市场信息不对称的有效市场机制，事务所通过提供高质量审计服务建立声誉机制，不但可以为其赢得客户信任，扩大市场份额，也可以有效缓解市场的信息不对称。因此，我国会计师事务所具有提供高质量审计服务的动机以维护其自身的声誉或防范风险，实现长远的经济利益目标，从而获得来自于市场的经济奖励。实际上，随着政府对审计市场的干预由"看不见的手"变为"看得见的手"，从事务所完成脱钩改制发展至今，我国审计市场已基本形成了以"四大"、国内"十大"及国内一般事务所为代表群体的市场供给结构。但是，这些事务所的审计质量是否存在系统性差异？是否能够满足公司的需求呢？以后的章节将为这些问题提供经验证据。

2.2.4 小结

从以上分析可见，在资本市场上，对公司选择高质量事务所的动机存在三种理论解释，在代理理论下，公司选择高质量事务所的动机是为了缓解委托人和受托人之间的代理冲突，降低企业的代理成本；在信息理论下，公司选择高质量事务所的动机是为了缓解公

---

① 2006年7月31日，蓝田股份的虚假陈述证券民事赔偿案由湖北省武汉市中级人民法院作出一审判决，判决蓝田股份因虚假陈述而向原告赔偿经济损失，华伦会计师事务所和保田、瞿兆玉等8个注册会计师对原告经济损失承担连带赔偿责任，赔偿总金额近548万元。这是中国第一例判决会计师事务所承担连带赔偿责任的证券民事赔偿案，也是判决承担赔偿责任的被告最多的案例。

司与投资者之间的信息不对称，提高公司的市场价值；在保险理论下，公司选择高质量事务所的动机是为了向包括管理层在内的各利益团体提供保险。公司选择事务所的动机可能出于上述三种动机中的某一种，也可能出于多种动机。但是受资本市场发达程度及外界法律机制完备程度的影响，保险理论在解释我国公司选择事务所的动机时缺乏制度土壤，但是在中国这样一个新兴加转型的资本市场中，政府行为对资源配置以及企业行为具有重要的影响，上市公司主要由政府控制，保险理论此时实际上已经演变为了政治担保理论，上市公司的管理层为了降低政治成本，追求政治前途，存在雇用高质量的外部审计提供政治担保的动机。因此，考察中国上市公司选择事务所的动机，必须对中国上市公司所处的特殊环境以及政府在其中所扮演的角色进行分析。下一节将从理论的角度分析政府在资源配置以及公司选择事务所行为中扮演的角色。

2.3 政府管制对公司选择事务所行为的影响

上一节从理论的角度分析了我国上市公司选择高质量事务所的经济动机，但是，公司选择何种质量类型的事务所是包括政府在内的各方利益主体博弈的结果，因此，在我国这样一个多数上市公司由政府控制的市场上，必须考察政府在其中所扮演的角色。本节将从理论的角度分析政府对审计服务供给方和需求方的影响。

2.3.1 转型经济中政府与企业的关系：一般理论

关于转型经济中政府与企业的关系，存在以下三种理论（Frye & Shleifer，1997；陈冬华，2002）：

1）无形之手模型（invisible hand model）

该理论认为，政府是组织良好的，并且无任何腐败现象。同时，市场可以在没有任何政府的情况下运转良好，因此，政府只需要行使一些基本的职能来支持市场经济，例如法律规定、制度规范、国防等，从而将大部分资源配置的权力赋予私人部门。除了提供这些非常有限的公共产品之外，政府对企业的干预越少越好。无形之手模型是一个具有浓厚理想色彩的、有限政府的规范（perscriptive）模型。在这样的制度安排下，国家在社会经济中几乎是多余的（华民，1998）。然而，由于现实中存在很多政府的干预，该模型很难作为一个描述性（descriptive）模型，因此，也很难提供建设性的政策建议。该模型是建立在发达的资本主义经济之上的，自由市场经济制度之所以对政府的职能作出这样的规范，主要是基于以下考虑：第一，政府承担过多的经济职能，会削弱个人的自由，而自由是资本主义经济的效率根源；第二，政府承担过多的经济职能，将会导致政府税收的增加；第三，政府承担过多的经济职能，会破坏自由市场经济运转过程的"自然秩序"，从而降低自由市场经济的制度效率。许多东欧国家，尤其是那些希望加入欧盟的国家，在改革过程中较为关注该模型（Jeffrey Sachs，1994）。

2）帮助之手模型（helping hand model）

该理论认为，完全不受限制的自由市场会出现市场失灵，滋生诸如垄断的价格、污染之类的外部性问题、失业、信贷供给不足及地区发展不平衡。对于这些问题的解决，可以采用修正性税收（corrective taxes）、管制、政府持股、计划等方式。在这种模型下，政府在促进私人经济活动中扮演着活跃的角色，例如支持部分企业，压制另一部分企业的发展，制定行业政策等，通常与企业存在着裙带关系。由于政府会裁定大部分的矛盾，因此法律在这种模型中具有有限的作用。该模型的一个极端情况就是，类似于韩国、新加坡等东南亚国家的"铁手模型"（iron-hand model）。这个模型本来也是个规范性的模型，但现在更多地被用作描述性的模型。由于政府的干预行动通常是出于政治目的，仅在极少数的情况下会与社会福利一致，因此，一旦政府的目标不是社会福利最大化，则据此模型提出的政策建议就会导致与公众利益不一致的结果。

3）掠夺之手模型（grabbing hand model）

在该模型中，政府是充当干预者而非组织者的角色，政府凌驾于法律之上，并且会利用权力获取租金，政府官员并不会真正追求社会财富最大化，相反却是在追求他们自身利益的最大化。该模型主要关注的是决定政府行为的政治活动，与无形之手模型类似，掠夺之手模型也承认政府可能存在自利倾向，但是后者更加注重描述政府究竟在做什么以及如何推行建设性的改革，更加关注应该如何限制政府的行为。

在诸如英美的发达市场经济中，政府的角色更像一只无形之手；在诸如韩国、新加坡、中国等东亚这些新兴国家中，政府的角色通常被认为是一只帮助之手；而俄罗斯政府更像是一只掠夺之手（Frye & Shleifer，1997）。上述三种关于政府在转型经济下的角色模型都是理想模型，任何现实中的政府都是上述三种角色的混合。

虽然目前许多经验研究的结果都表明，中国政府在过去20年中成功地发挥了帮助之手的角色，但是，在我国这样一个新兴加转型的经济体中，政府的上述三种角色通常是并存的，因此，我们在肯定政府调控的同时，也必须研究政府不恰当干预的现状、原因及后果。中国经济是一个处于东亚文化中的从中央计划经济向市场体制转型的发展中大国经济，不可避免地具有东亚经济通有的弊端，如政府与企业之间裙带关系严重。此外，我国还是一个"大国经济"，就会存在中央政府与地方政府之间的利益冲突，就不能忽视地方政府在地区经济发展中的作用。现有的研究表明，我国的经济发展存在地区差异，并且极不平衡（樊纲、王小鲁，2001），不同层级的政府在发展经济中发挥不同的作用（刘芍佳、孙霈和刘乃全，2003；夏立军、方轶强，2005），因此，研究政府的干预行为必须将中央政府与地方政府加以区分，且考虑地区差异。本书在以

下的理论分析及实证检验部分，分别考虑了中央政府和地方政府的
干预对审计服务供需双方的影响，并控制了地区治理环境的差异。

2.3.2 政府管制对审计服务供给的影响：理论分析

众所周知，在任何一个信息不对称的市场上，都存在市场失
灵，而市场失灵的存在需要政府以合适的方式干预，政府管制就是
解决市场失灵的有效途径之一。审计市场也不例外，审计服务公共
产品①和信任品②的特征，注定了审计市场是一个典型的信息不对
称市场，同时审计服务由被审计单位（代理需求者）付费的特征
为事务所的道德风险埋下了种子。这些因素共同决定了审计市场可
能存在市场失灵，需要政府的管制来缓解。本章第一节已述及，在
一个自由市场上，审计服务首先是市场选择的结果，政府管制是为
了缓解市场失灵，是一种补充手段。但是，政府的干预也不是十全
十美的，由政府扮演的几种角色可以看出，由于政府的垄断性和不
经济的寻租活动，容易引发浪费和无效率的后果。那么，在我国这
样一个转型经济体中，政府在审计市场是充当"掠夺之手"的角
色还是"帮助之手"的角色？政府管制对审计质量供给有何影
响呢？

从管制经济学的角度分析，政府管制对审计质量供给的影响，
目前存在两种理论：一种是建立在"帮助之手"模型上的公共利
益理论，另一种是建立在"掠夺之手"模型上的管制俘获理论
（Viscusi 等，2000）。公共利益理论又称官方监管理论，是建立在
政府"帮助之手"模型之上的，其政策含义是：私人部门一般缺

---

① 非竞争性和非排他性是公共产品的主要特征，而审计服务的消费并不具有排他
性，并且审计服务的数量与质量并不会随消费者的使用而下降，因此其符合公共产品的
特征。

② 信任品主要源于消费者与其供应者之间的信息不对称，其主要特征是：消费者
既难以在消费之前辨认其质量，也难以在消费之后感知。而审计质量难以直接观察，即
使在投资者使用了审计报告后，也难以直接判定其服务质量，因此符合信任品的特征。

少相应的信息、动力和能力去监控企业和事务所，因此，迫切需要一个强有力的政府机构对审计市场进行监管，并且认为政府是公正的"守夜人"，为了减少事务所与投资者之间的信息不对称，政府主要通过市场准入政策（许可证制度）和事后惩罚制度两种方式发挥其作用。首先，在市场准入方面，著名经济学家斯蒂格利茨等人从"行业约束"的角度就政府对某产业的市场准入控制等提供了一个新的分析框架。根据他们的观点，发展中国家政府的两个重要目标是提高注册会计师行业的稳定性，建立激励机制以使高质量的事务所得以发展。限制注册会计师行业的竞争，保持事务所的效益性从而维护其"特许权价值"（即营业执照的价值），就可以提高金融体系的安全性，这对整个经济具有重要的正的外部效应。为了规制事务所之间的竞争行为，政府需要控制向该行业的进入。太多的进入会妨碍现有的事务所达到一个有效的规模，从而减弱它们长期投资的能力和意愿，降低注册会计师行业的整体质量。政府通过制定注册会计师从业资格认定标准和事务所质量控制规范，规定只有具备某种专业能力的从业人员或具有一定规模的事务所才有资格出具审计报告。许可证制度不仅通过筛选机制保证了审计质量的最低下限，而且为获得许可证的事务所和会计师降低审计质量提供了一种严厉的惩罚机制，因为获得从业资格的注册会计师或获得许可证的事务所一旦因为质量问题被吊销从业资格，意味着它们将永久性地丧失许可证带来的"准租"。其次，政府通过定期的质量检查，惩罚未达到应有胜任能力的会计师或事务所，表扬或批评一部分事务所，通过政府的管制力来提升高质量事务所的审计声誉，矫正市场竞争机制，降低审计市场的信息不对称，监督和确保事务所审计质量的提高，从而提高整个社会的公共利益，使社会福利水平最大化，实现帕累托最优。总之，在公共利益理论下，政府管制能够提升审计质量，改善审计市场的信息不对称，缓解由此引发的道德风险和逆向选择问题，促进审计市场的良性循环。

管制俘获理论是与公共利益理论相反的另一种监管理论，从实证的角度探讨了公共利益理论的现实性。该理论从政府的"掠夺之手"模型出发，强调政府失灵的可能性，认为政府在监管中并不是以整个社会的福利最大化，而是在其政治目标与最大化其经济利益之间作出权衡（North，1990）。政府在追求自身利益最大化的同时，通常会利用管制便利将资源转移到与政府有关系的事务所以获取租金。因此，在管制过程中，政府通常容易被监管者所"俘获"，为被管制者设定某种垄断资格，提高行业壁垒，确保被管制者的垄断利润（Stigler，1971）。换言之，在管制俘获理论下，管制是应产业的要求而产生的，最终管制机构会被产业所控制或俘获，管制的结果是降低社会资源的配置效率。对于处于东亚文化下的事务所，利用裙带关系从政府管制中获得管制租金，也许比提高审计质量更容易实现利润最大化。因此，政府管制的结果是使事务所降低对审计质量的关注，诱导事务所的寻租行为，降低审计质量，导致租值耗散（rent extraction）（Chen，Fan & Wong，2002），降低资源配置效率。

总之，政府管制对审计质量的影响存在两种竞争性的理论，因此，政府管制能否提高审计质量，改善审计市场的信息不对称，仍然是一个有待验证的实证问题。

2.3.3　政府管制对审计服务需求的影响：效率观抑或机会主义观

如前所述，在成熟的资本市场上，对审计服务的需求首先是市场选择的结果，政府管制是为了弥补市场失灵，但是由于我国具有"新兴市场"加"转轨经济"的双重特征，导致政府职能的转变可能不到位，在资源配置上可能会存在问题。在我国这样一个"大国经济"中，政府权力配置先后经历从集权到分权的过程，中央政府通过分权体系来影响地方政府，二者之间类似于委托代理关系，中央政府与地方政府之间的合约及合约的不完备性会直接影响地方政府的行为，包括地方政府和企业的关系，二者的利益在整体上是统一的，但在局部可能存在矛盾。因为地方政府发展经济的积极性被调动起来的同时，其竞争资源的动机也由此产生（Cao，Qian & Weingast，1999；Poncet，2004），地方政府可能会为了发展地方经济而与中央政府的全局思想矛盾。虽然中央政府可能是为了发挥其"帮助之手"的角色，但由于其与地方政府之间的层层代理关系，这只"帮助之手"可能会被扭曲为"掠夺之手"。前者的动机是为了提高市场效率，而后者则源于中央政府与地方政府之间的委托—代理关系，因此分权后的政府对审计需求的影响具有双重性，笔者认为，可以用两种观点解释：效率观（efficiency view）和机会主义观（opportunitism view）。

在效率观下，政府管制的目标是为了提高市场效率，政府对国企改革的目标就是要实现政企分开、产权清晰，我国两权分离取向的企业产权关系改革促进了所有权和经营权的分离，进而导致了所有者和经营者之间的信息不对称和潜在的道德风险，也由此激发了委托人（所有者）对代理人（经营者）监督的需求。独立审计作为公司治理机制中的监督和担保机制，具有降低代理成本的优势，这激发了市场对独立审计的潜在需求。同时，由于政府分权改革，促进了产品市场的竞争，股份制改革与证券市场的设立赋予并保证了公司更大的自主权，并允许企业在资本市场上竞逐资金，对于质量高的企业，有动机通过雇用高质量的外部审计向市场传递信号，以达到信号甄选的目的。因此，在效率观下，政府管制培育了审计需求。

在机会主义观下，中央政府与地方政府之间的信息不对称无法通过有效的契约得以解决，同时地方之间也陷入了无法通过契约解决的"囚徒困境"，地方政府因此出现地方保护主义倾向，导致市场分割，政企关系在地方政府的层面陷入僵局。一方面，地方政府为了保护地方企业，使地方企业从证券市场上获得更多的资源，促进地方经济的发展，会纵容地方企业的机会主义行为，纵容企业选择低质量的事务所；另一方面，地方政府为了保护本地事务所的发展，通常会利用管制便利要求企业选择当地事务所，并限制外地事务所的进入，而当地企业受限于地方政府的直接管辖，为了迎合地方政府的政策进而会选择当地事务所，以从政府那里获得比选择高质量审计带来的收益更高的租金。因此，在机会主义观下，政府管制又限制了市场竞争，禁锢了审计需求，并导致独立审计信号作用的扭曲。

总之，政府管制对独立审计需求既有促进的一面，又有制约的一面。对于中央政府和地方政府在企业的事务所选择中到底是"帮助之手"还是"掠夺之手"，它们的作用是否存在差异的问题，需要根据我国的制度背景，从实证的角度加以检验。但是，综合机会主义观和效率观，笔者认为，中央政府在管制过程中的帮助成分要大于掠夺成分，即对审计需求的影响总体呈积极作用；而地方政府则正好相反，掠夺成分要大于帮助成分，对审计需求的影响呈消极作用。

2.3.4　小结

在我国的转型经济体制下，公司选择事务所是审计服务供给方、需求方及兼具监管者与审计服务代理需求者双重身份的政府三方共同作用的结果。因此，研究我国审计市场上的审计需求问题，不能忽视政府的作用。本节从理论的角度分析了政府在审计市场中的角色。从管制经济学的角度出发，政府这只"无形之手"对审计质量的供给存在双重影响，存在两种竞争性的理论，其一是建立在"帮助之手"模型上的公共利益理论，在该理论下，政府通过许可证制度，既为市场中审计服务质量提供了最低下限，又为事务所的道德风险提供了市场惩罚机制，因此，政府管制能够提升审计质量，改善审计市场的信息不对称，缓解由此引发的道德风险和逆向选择问题，促进审计市场的良性循环；其二是建立在"掠夺之手"模型上的管制俘获理论，在该理论下，政府通常容易被监管者所"俘获"，为被管制者设定某种垄断资格，提高行业壁垒，确保被管制者的垄断利润，因此，政府管制的结果是使事务所降低对审计质量的关注，诱导事务所的寻租行为，降低审计质量，导致租值耗散，降低资源配置效率。同理，政府管制对审计服务的需求既有促进的一面，又有制约的一面。在效率观下，政府管制培育了审计需求；而在机会主义观下，中央政府与地方政府利益的冲突导致了市场分割，政府管制又限制了市场竞争，禁锢了审计需求，并导致独立审计信号作用的扭曲。因此，政府管制对企业的事务所选择行为是个有待验证的实证问题。本书以下部分将结合我国审计市场的变迁，分析政府在上述竞争性理论中的作用，并从实证的角度检验我国特殊市场中企业的事务所选择行为的动机。

2.4　本章小结

在自由市场或成熟的资本市场中，对独立审计的需求是一种自发需求，其产生和发展首先是市场选择的结果。由于审计服务兼具公共产品和信任品的双重特征，注定了审计市场中的信息不对称，再加上审计服务的付费人并非消费者，而是被审计单位，这为事务所的道德风险提供了温床。因此，审计与管制有密切的联系，政府管制是市场的有效补充，是为了缓解市场失灵以及由此产生的道德风险和逆向选择问题。资本市场中，在市场竞争和价格机制以及监管和法律机制的共同作用下，独立审计是企业的外部监督和担保机制，其经济价值在于提高资本市场中财务呈报的质量，降低企业的代理成本和资本市场中的信息风险，减轻信息不对称，进而优化资源配置，最终降低企业的融资成本，为投资者提供保护。

基于审计在资本市场中的经济功能，对公司选择高质量事务所的动机存在三种理论解释：代理理论、信息理论和保险理论。在代理理论下，公司选择高质量事务所的动机是为了缓解委托人和受托人之间的代理冲突，降低企业的代理成本；在信息理论下，公司选择高质量事务所的动机是为了缓解公司与投资者之间的信息不对称，提高公司的市场价值；在保险理论下，公司选择高质量事务所的动机是为了向包括管理层在内的各利益团体提供保险。公司选择事务所的动机可能出于上述三种动机中的某一种，也可能出于多种动机。但是受资本市场发达程度及外界法律机制完备程度的影响，保险理论在解释我国公司选择事务所的动机时缺乏制度土壤，但由于中国资本市场具有新兴加转轨的双重特征，在这样的环境中，政府与企业有着天然的联系，政府行为对资源配置以及企业行为具有重要的影响，上市公司主要由政府控制，此时，保险理论就演变成了政治担保假说，上市公司存在选择高质量的独立审计以降低政治成本的动机。因此，考察中国上市公司选择事务所的动机必须对中国上市公司所处的特殊环境以及政府在其中所扮演的角色进行分析。

转型经济中，政府与企业的关系存在三种理论模型——无形之手模型、帮助之手模型和掠夺之手模型。在审计市场上，政府的干预到底是何种角色？虽然目前许多经验研究的结果都表明，中国政府在过去20年中成功地发挥了"帮助之手"的角色，但是，在我国这样一个新兴加转型的经济体中，政府的上述三种角色通常是并存的。从管制经济学的角度出发，政府管制对审计质量的供给存在双重影响，并存在两种竞争性的理论解释，即建立在"帮助之手"模型上的公共利益理论和建立在"掠夺之手"模型上的管制俘获理论。在前一理论下，认为政府管制能提高审计质量供给，改善审计市场的信息不对称，缓解由此引发的道德风险和逆向选择问题，促进审计市场的良性循环；与之相反的是，在后一理论下，认为政

府管制的结果是使事务所降低对审计质量的关注，诱导事务所的寻
租行为，降低审计质量，导致租值耗散，降低资源配置效率。同
理，政府管制对审计服务的需求既有促进的一面，又有制约的一
面。在效率观下，政府管制培育了审计需求；而在机会主义观下，
中央政府与地方政府利益的冲突，导致了市场分割，政府管制又限
制了市场竞争，禁锢了审计需求，并导致独立审计信号作用的扭
曲。因此，政府对审计服务供、需双方的影响均存在两种竞争性的
理论，具体何种理论更具说服力，需要结合特定的制度背景。同
时，由于我国的经济发展存在地区差异，并且极不平衡，不同层级
的政府在发展经济中发挥不同的作用，因此研究政府干预下的企业
行为，必须将中央政府与地方政府加以区分，且考虑地区差异。本
书以下部分在分析了我国审计市场变迁中政府的积极与消极作用
后，将具体结合我国的制度背景，对企业选择事务所的动机进行实
证检验，并在本书构建的理论框架内解释发现的结果。

3 制度背景与文献回顾

上一章从理论层面分析了独立审计的产生、发展、与管制的关系以及公司选择事务所的动机，并从竞争性理论出发，为政府管制对审计服务供需双方的双重影响提供了理论支持。本章将根据前文的理论分析，从我国的制度背景出发，回顾政府在培育独立审计需求以及提高审计质量中的消极与积极作用，用发展的观点描绘我国审计市场中审计需求的潜在变化，以期勾勒出我国现阶段审计市场的整体轮廓，并提供相关的经验证据。另外，结合我国上市公司所面临的现实约束条件，分析了政府行为、所有权安排对独立审计需求的影响。本章的具体框架图如图 3-1 所示。

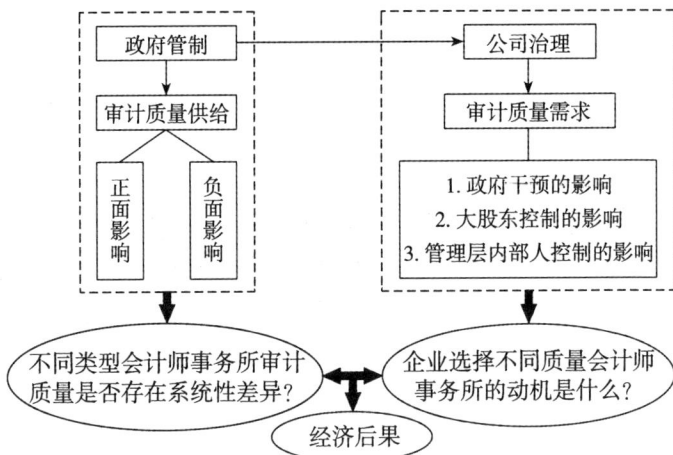

图 3-1　制度背景分析及研究问题框架图

3.1 政府管制对审计供给质量的双重影响：制度分析

与产品要素市场一样，审计市场中上市公司选择事务所是供需双方共同作用的结果，市场的供给状况是公司选择的前提。因此，我们有必要了解审计服务的市场供给状况。本节将分析我国审计市场中政府管制对审计服务供给质量的双重影响，并描绘目前我国审计市场的市场结构概况，以便为后文的分析检验提供支持。

3.1.1 政府管制对审计服务供给的正面影响：制度分析

我国注册会计师行业经历了萎缩中断、恢复重建、稳定发展、脱钩改制和扩大规模五个阶段（易琼，2002）。在恢复重建后的短短20多年间，无论是注册会计师行业的规模，还是执业质量都有了很大的提高，尤其是执业质量的提高与政府的管制休戚相关。

1）事务所体制改革：根本保证

我国注册会计师制度自恢复之始，体制上就存在"先天不足"的问题，由于历史的原因①，会计师事务所都有一个挂靠单位，这些挂靠单位一般为各级财政部门、行业主管部门或研究机构（大学）。实际上，会计师事务所是政府的一个官办机构，政府部门成立会计师事务所是一件几无成本、但潜在收益颇大的事情（刘峰，2000）。"挂靠"制度也由此导致了一系列问题，主要表现在：一是会计师事务所利用所挂靠的政府机构承接业务，政府部门从本部门、本地区的利益出发，干预辖下企业自由选择会计师事务所，造成审计市场的分割；二是被审计单位通过其上级主管机构干预会计

---

① 这里的历史原因，既涉及比较敏感的所有权问题，也涉及在当时的人事等体制下的各种问题，诸如人员编制、工资级别、住房、福利待遇、离退休和子女就业等。

师事务所的执业活动，使注册会计师的独立性受损；三是弱化了会计师事务所的风险意识。审计服务的特性决定了独立性是其生存和发展的前提，而挂靠体制使事务所无论在形式上还是实质上都难以保持独立性，从根本上限制了事务所提高审计质量的动机。1992年4月至1993年4月的"老三件"（深圳原野、长城机电和海南中水国际事件）以及1997年的"新三件"（琼民源、四川红光和东方锅炉事件）均表明，我们的审计服务市场存在制度性问题。为此，中国证监会和财政部拟订了我国会计师事务所脱钩改制"三步走"的计划，1998年财政部45号文件要求会计师事务所限期脱钩改制。① 当年，103家证券从业资格的会计师事务所完成脱钩改制，至1999年年底，全国会计师事务所脱钩改制工作基本完成。

事务所脱钩改制是注册会计师行业的一项根本性变革，极大地提高了会计师保持工作独立性的能力，为事务所提高审计质量提供了根本保障。相关的经验证据（王跃堂、陈世敏，2001；易琮，2002）也表明，取消挂靠体制的确提高了审计独立性，提高了事务所的执业能力。

2) 执业准入制度：事前保障

审计市场并非一个完全竞争的市场，事务所并不能自由地出入市场，为了保证最低审计质量，各国都对进入证券审计市场的注册会计师和事务所施行了形式各异的许可证制度。目前，在我国，对于证券审计市场的注册会计师和会计师事务所的资格认定实行的也是许可证管理，只有具备证券期货从业资格的注册会计师和事务所才能从事上市公司的审计业务。而财政部和证监会对证券、期货资格享有联合审批权，注册会计师资格认定、事务所的设立审批则由

---

① 脱钩包括人员、财务、业务和名称四脱钩；改制是指将会计师事务所改为合伙制或有限责任制。

财政部主管，具体由省级财政部门负责审批会计师事务所的执业资格。

许可证制度是一种事前管制，其目的在于通过提高审计服务市场的准入标准来保证审计质量。实践证明，这一监管制度对于保障审计市场的审计质量起到了积极的促进作用，有效地防止了一些执业质量不高的事务所进入证券审计市场。但是，这一制度也同时引发了事务所的"寻租"行为，造成了审计市场的分割现象①。因此，在2004年5月19日国务院发布的第三批取消和调整行政审批项目的目录中，注册会计师执行证券、期货相关业务许可证的核发也属于被取消之列，自此之后，注册会计师层面的特别许可证制度销声匿迹了。2004年8月，财政部和中国证监会联合发布了《会计师事务所执行证券期货相关业务注册管理办法》（征求意见稿），其主要变化体现在：（1）细化了执业人员要求；（2）略微提高了会计师事务所的业务规模要求；（3）对会计师事务所滥用合并方式虚夸规模的做法试图加以适度控制；（4）为防止初入市场的事务所过度扩张而设置了客户上限（李爽、吴溪，2005）。

这一制度变化导致了证券审计市场的市场结构和市场行为发生重大的调整，使一部分在过去三年受到行政处罚的事务所退出了市场，另外一部分新的事务所进入证券审计市场，从而加剧了审计市场的竞争，促进了事务所提高审计质量。

3）执业行为规范：事中规范

注册会计师执业规范是衡量与保障注册会计师执业质量的权威标准，主要是指独立审计准则体系，包括技术规范、职业道德规范、质量控制规范、职业后续教育规范四个方面。在技术规范中，又包括三个层次：第一层次是独立审计基本准则。它是独立审计基本准则的总纲，是对注册会计师专业胜任能力的基本要求和执业行

---

① 对于许可证制度引发的负面影响将在第二部分详细阐述。

为的基本规范，是制定独立审计具体准则、实务公告和执业规范指南的基本依据。第二层次是依据基本准则制订的独立审计具体准则和实务公告。前者是对注册会计师执行一般审计业务、出具审计报告的具体规范，后者是对注册会计师执行特殊行业、特殊目的、特殊性质的审计业务、出具审计报告的具体规范。第三层次是执业规范指南。它是依据独立审计基本准则、具体准则和实务公告制定的，为注册会计师执行独立审计具体准则、实务公告提供可操作的指导意见。

独立审计准则作为规范注册会计师执行审计业务的权威性标准，对提高注册会计师执业质量，降低审计风险，维护社会公众利益具有重要的作用，其建设主要经历了三个阶段：第一阶段为制定执业规则阶段（1991—1993 年）。中注协成立后，非常重视执业规则的建设，从 1991 年到 1993 年，先后发布了《注册会计师检查验证会计报表规则（试行）》等 7 个执业规则，这些执业规则对我国注册会计师行业走向正规化、法制化和专业化起到了积极作用。第二阶段为建立准则体系阶段（1994—2003 年）。1993 年 10 月 31 日，第八届全国人民代表大会常务委员会第四次会议通过《中华人民共和国注册会计师法》，规定中国注册会计师协会依法拟订执业准则、规则，报国务院财政部门批准后施行。经财政部批准同意，中注协自 1994 年 5 月开始起草独立审计准则。到 2003 年 5 月，中注协先后制定了 6 批独立审计准则，包括 1 个准则序言、1 个独立审计基本准则、28 个独立审计具体准则和 10 个独立审计实务公告、5 个执业规范指南，此外，还包括 3 个相关基本准则（职业道德基本准则、质量控制基本准则和后续教育基本准则），共计 48 个项目。第三阶段为完善与提高阶段（2004 以后）。随着独立审计准则体系的基本建立，制定工作转向完善独立审计准则体系与提高准则质量并重。自 2004 年以来，中注协在起草新准则的同时，根据变化的审计环境、国际审计准则的最新发展和注册会计师执业的需要，为贯彻现代风险导向审计的理念和方法，已经有计划、有步骤地修订了已颁布的准则，于 2006 年 2 月 15 日颁布了新修订的 26 项审计准则和 22 项鉴证业务准则，并于 2007 年 1 月 1 日开始实施。至此，我国已建立起一套适应我国市场经济发展要求，顺应国际趋同大势的中国审计准则体系，这对于提升注册会计师的执业质量，促进注册会计师行业的专业化发展，维护公众利益和服务于市场经济建设，都具有积极的作用。

4）执业质量的监督与惩处：事后监督

年检制度是证券审计市场中最主要的执业质量检查与监督机制，财政部与证监会等监管机构每年会对具有证券从业资格的会计师事务所进行检查，一旦发现事务所具有违规行为，监管部门将会依据违规程度给予取消执业资格、暂停执业或整改等处罚方式。除了年检外，证监会仍然对会计师事务所的日常审计业务进行监督，对发现违规的事务所出具罚款、暂停、吊销注册会计师和事务所的从业资格证，并实行市场禁入等处罚。在我国投资者法律诉讼机制不健全的情况下，事务所与注册会计师虽然承担的法律诉讼成本不高，但所承担的行政处分成本却很高，一旦事务所或注册会计师因违规被吊销从业资格证书，就意味着退出了市场，也就失去了未来的"准租"。限于监管机构的执业水平和工作能力，这一制度也给相当一批事务所带来了机会主义行为，使得该制度不能从根本上抑制违规行为。

为了进一步提高审计质量，遏制会计师事务所的机会主义行为，证监会近年来加大了对违规注册会计师和事务所的处罚力度，加重了注册会计师个人的法律责任，尤其是刑事责任。1998 年以前，对会计师事务所的处罚主要以警告和通报批评为主，鲜有对注册会计师个人的处罚案例。事务所脱钩改制完成后，继琼民源案件（1998 年 4 月 27 日公告处罚）后，监管机构开始加大对事务所的处罚力度，并开始普遍采用没收非法所得并罚款的处罚方式，最典型的例子就是红光实业案件（1998 年 10 月 26 日公告处罚）。自蓝田股份案件（1999 年 10 月 15 日公告处罚），证监会开始逐步处罚涉案的注册会计师个人。对个人罚款最严重的个案包括红光实业案件和郑百文案件，前一案件中禁止涉案的注册会计师再次进入证券市场，后一案件中对注册会计师个人罚款 30 万元并暂停执业资格三年。2001 年爆发的银广夏、麦科特案件，更加凸显了注册会计师个人的法律责任，尤其是刑事责任（李爽、吴溪，2002）。

由于事务所提供高质量审计服务的动机之一是为了避免诉讼成本，而注册会计师及事务所法律责任的加重，也加大了其违规或降低审计质量的机会成本，因此，这些措施可以促进事务所提高审计服务的质量。

5）执业信息披露

为了进一步提高事务所的执业能力，特别是事务所与上市公司之间的利益关系的透明度，证监会在上市公司年度报告信息披露中对有关审计师信息披露的规范要求日益增加。以往主要是要求上市公司披露"重要事项"的聘任事务所（包括改聘）信息和审计报告，但是自 2001 年起，证监会要求上市公司在年度报告中披露支付给会计师事务所的报酬信息，此后又进一步要求上市公司披露会计师事务所的审计任期信息（自 2002 年年度报告起）、有关轮换签字注册会计师的事项（自 2003 年度报告起）以及注册会计师为上市公司的关联方占用资金情况出具的专项说明（2003年度报告）。

为了提高事务所的独立性和遵守职业道德的情况，防止事务所之间"低价揽客"的恶性竞争行为，中国证监会于 2001 年 12 月 24 日发布了《公开发行证券的公司信息披露规范问答第 6 号——支付会计师事务所报酬及其披露》，并在 2001 年修订的上市公司年度报告内容与格式准则中，明确要求上市公司在年度报告中将支付给会计师事务所的报酬作为重要的事项加以披露。该规范的出台意味着包括监管部门在内的广大信息使用者可以获得事务所为上市公司提供的审计及相关服务收费信息，从而有助于监督和考察会计师事务所独立性和遵守职业道德的情况，尤其是对审计执业过程中潜在的恶性竞争行为和审计质量减损加以遏制。[①]

为了提高事务所的独立性，限制上市公司利用事务所变更来"购买"审计意见，中注协加强了对上市公司变更审计师行为的监管。2002 年 4 月 15 日，中注协发布了《中国注册会计师协会关于进一步做好 2001 年度上市公司审计工作的通知》，要求 2001 年度上市公司会计报表审计中被上市公司更换的会计师事务所，于 4 月底就被更换的情况以书面形式报告中国注册会计师协会，并且在以后每个年度的审计工作开始前，中注协都提请后任注册会计师保持与前任注册会计师的沟通，以防范审计风险，保持对上市公司变更审计师行为的密切关注。这一监管措施在一定程度上减少了上市公司"购买"审计意见的可能性，提高了审计师的独立性。此外，2002 年的《年度报告内容与格式准则》中第四十八条要求上市公司除了应披露聘任、解聘会计师事务所情况，以及支付给聘任会计师事务所的报酬情况外，还应增加披露"目前的审计机构已为公司提供审计服务的年限"。这些信息的披露都是为了增强会计师事务所的独立性。为了进一步保证注册会计师审计的独立性，中国证监会和财政部于 2003 年 11 月初联合发布了《关于证券期货从业签字注册会计师定期轮换的规定》，规定"签字注册会计师和审计项目负责人为同一审计客户连续提供审计服务的年限，一般情况下不

[①] 美国证券委员会（SEC）于 2000 年 11 月要求美国上市公司公开披露审计及相关服务收费（自 2001 年 2 月 5 日）后，针对美国审计市场的审计定价研究进入了一个新的阶段，研究的焦点转向了非审计公费是否可以影响审计独立性，但目前仍未达成一致性的结论，学术界存在两种竞争性的解释，一种认为非审计公费可以加大会计师事务所对上市公司的财务依赖性，因而会减损独立性（Simunic，1984；Firth，1997；SEC，2000）；另一种认为在现有"市场诱因机制"（market-based institutional incentives）下（如声誉投资和苛刻的法律责任环境等）会计师事务所会保持独立性（Dopuch 等，2001；Arruñada，1999）。在我国，由于上市公司对审计收费的披露仍然不规范，目前学术界关于非审计公费是否影响审计独立性缺乏相关的经验证据。

得超过五年"。

这些信息披露的目的就是为了提高注册会计师的独立性，使上市公司与事务所之间的利益关系透明化，并受到广大信息投资者的关注和监督。

6）推动事务所合并：提升竞争力

加入 WTO 后，中国会计服务市场正式开放，中国政府在所签署的服务贸易（包括会计服务贸易）协议中，确认了市场开放的两条一般原则：第一是市场准入，即我们不能人为设置障碍，将国外的事务所拒之门外；第二是国民待遇，一旦国外的会计师事务所进入中国市场，必须给予国内事务所同等的待遇。具体在"会计、审计和簿记服务"项下，我国承诺首先允许国外的事务所与境内事务所合资设立合伙或有限责任会计师事务所，但在加入 WTO 后 6 年内取消限制，允许国外会计公司在中国设立外资独资子公司，全面开放会计服务市场。外资事务所的进入，无疑使境内的事务所产生了危机感，"狼来了"的压力迫使它们不得不为了应对竞争而提升审计质量。中注协、财政部和中国证监会为了保护本土事务所，减轻市场开放对本土事务所的冲击，也采取了提高行业进入门槛的办法，促进国内会计师事务所的合并重组。

2000 年 3 月，财政部先后发布《会计师事务所扩大规模若干问题的指导意见》、《会计师事务所合并审批管理暂行办法》、《会计师事务所分所审批管理暂行办法》等文件，目的在于推动会计师事务所扩大规模，以提高执业水平。2000 年 6 月，财政部、中国证监会又联合颁布了新的《注册会计师执行证券、期货相关业务许可证管理规定》，并废止了相关的旧的规定，将事务所申请从事证券、期货相关业务资格的准入条件改为：具有证券、期货相关业务资格的注册会计师不得少于 20 名；60 周岁以内的注册会计师不得少于 40 名；上年度业务收入不低于 800 万元；有限责任会计师事务所的实收资本不低于 200 万元，合伙会计师事务所净资产不

低于 100 万元。此外，为了加强对金融相关审计业务的管理，2000
年 7 月，中国人民银行和财政部联合颁布了《会计师事务所从事
金融相关审计业务暂行办法》，对事务所从事金融相关审计业务的
资格提出了更高的要求。① 这些规定极大地提高了注册会计师从事
证券相关业务以及金融相关业务的准入门槛，促进了事务所以
"保牌"、"保资格"、"保市场"为动力的合并浪潮。截至 2002 年
12 月 31 日，全国 300 多家事务所合并为 110 家，原有的 106 家具
有证券（期货）从业资格的事务所已合并减少为 71 家。

这次合并浪潮，从行业整体来看，在一定程度上优化了注册会
计师行业的产业结构，提升了我国会计师事务所的国际竞争力，主
要表现在以下三个方面：（1）提高了事务所的执业能力，满足了
跨区、跨国经营的大型企业的审计需求；（2）增强了事务所的抗
风险能力；（3）有利于会计师事务所实现规模经济（王广明等，
2002）。

但是，这次大规模的事务所合并重组主要是为了应对外资事务
所的进入，在政府的行政推动下完成的，并非市场竞争的结果，大
多数事务所在合并后短期内并未完全融合，而是各自执业。同时，
吴溪（2001）发现，2001 年我国证券审计市场的合并重组事件在
一定程度上扭转了审计市场集中度下降的趋势，但是并未显著提高
级差会计师事务所的市场份额。因此，这种"拉郎配"式的合并
重组是否真正提高了审计质量，仍然是一个有待验证的问题。

总之，上述政府关于审计质量控制的事前、事中以及事后的管
制政策在审计市场建立的初期，以及发展改制过程中，对于提高审
计质量确实起到了积极的作用，发挥了政府"帮助之手"的作用。

---

① 2000 年 12 月，中国人民银行和财政部公布了首批获准从事金融相关审计业务
的 68 家会计师事务所名单；2001 年 3 月，其又公布了第二批获准从事金融相关审计业
务的会计师事务所名单，其中符合《会计师事务所从事金融相关审计业务暂行办法》第
四条和第五条规定条件的分别为 18 家和 268 家。

3.1.2 政府管制对审计服务供给的负面影响：制度分析

虽然政府管制在促进审计质量的提高方面作出了很大的贡献，但是，任何制度都有利有弊，正如前一章分析的那样，政府的"帮助之手"发挥不到位，就可能变为"掠夺之手"。由于我国经济体制改革中政府职能的错位及改革不到位，其管制也产生了一些消极的影响，从而导致审计市场分割，审计信号功能的扭曲。

1）市场准入制度引起的寻租活动

任何制度都并非十全十美，都可能是一把"双刃剑"，审计市场中的许可证制度也不例外，它在限定进入市场的注册会计师和事务所的最低执业标准，以保证市场中最低审计质量的同时，在客观上也造成了审计服务市场的分割，降低了审计服务市场的竞争程度，并可能导致注册会计师风险意识的下降。因为许可证制度作为一种政府管制措施，其本身就包含了"经济租金"，容易引发寻租活动。对于那些已经获得了证券期货从业资格的事务所来讲，由于缺乏进入者的竞争压力，他们便不具有进一步提高审计质量的动机，从而获得了由于管制带来的"租金"。尤其是近两年来，政府主导的合并使一些事务所退出审计市场的同时，没有新的事务所获得证券期货从业资格，这导致了我国审计市场的竞争程度没有进一步提高，反而有所缓和。因此，从某种意义上讲，市场准入制度在一定程度上又阻碍了审计质量的提高，并造成了市场中以上市公司为目标的市场分割。

2）管制不到位削弱了独立审计的功能

我国政府管制对独立审计功能的削弱作用，源自我国转型经济中政府在资本市场中的特殊地位，一是作为上市公司的控股股东，二是原有体制下作为事务所的挂靠单位。从第二章的分析我们知道，独立审计的功能之一就是充当信号鉴别机制，企业雇用高质量事务所的动机之一是为了向市场传递信号，降低内部人与利益相关者之间的信息不对称，同时，也使自身与质量差的公司区分开来。但是，在我国的经济体制下，上市公司基本上是由国有企业改制而来，国有企业在我国证券市场中占据着主体地位，构成了我国证券市场的微观基础，而政府是这些上市公司的控股股东。同时，由于我国股票发行长期实行行政审批与"计划管理、规模控制"相结合的制度，使得获取上市资格成了稀缺的"壳"资源。作为上市公司控股股东的政府为了帮助所属企业取得上市资格，从股票市场上获得资源，往往默许下属公司的盈利操纵行为，甚至利用自身的权力协助公司操纵利润。在这种情况下，地方政府具有很强的动机干预其行政权力范围内的会计师事务所，使其配合下属企业的行为，以便获取上市资格，或者避免被摘牌。而这些政府往往又曾经是事务所的挂靠单位，在我国这样一个裙带关系比较严重的经济体制中，事务所会听命于行政命令而不敢说"不"，致使外部审计在资本市场中的功能被削弱。

总之，独立审计首先是市场选择的结果，是一种市场机制，政府管制是为了消除市场失灵。但是政府调控政策不到位就会引发新一轮的失灵，使她这只"看不见的手"由"帮助之手"变为"掠夺之手"。尤其是在我国这样一个由计划经济向市场经济转型的时期，政府对市场的影响无处不在，政府在提高审计质量的同时也限制了审计质量的提高，但总体来说，政府管制的积极作用大于消极作用，上市公司的会计信息质量得到了改善，事务所的独立性得到了提高。

3.1.3 我国审计市场总体结构：描述统计

1）市场机制下的会计师事务所分类

中国审计市场一路风雨飘摇，在政府的不断调控与校正下，发展至今已基本呈稳态发展（中国证监会，2005），市场结构趋于稳定，整个审计市场已经逐步演变为由国际四大所和国内十大所占主要份额，并且国际四大所在客户收入、客户资产等指标上远远高于国内十大所的市场结构。从2001年到2004年，行业前四强和前八强事务所在客户数、客户资产、客户主营业务收入方面等方面的份额，同时略有上升。这表明市场结构已经达到比较稳定的阶段（中国证监会，2005）。① 2004年，业务总收入最高的为普华永道中天，总收入达12亿多元。在总收入最高的前10名会计师事务所中，国际四大合作所占据了前4名。上海立信长江排在四大合作所之后位居第5，收入达1亿多元，位居国内所收入冠军，但其收入尚不及四大合作所最后一名（安永华明）收入的三分之一（24.39%）。国内所与国际四大合作所的差距相当大，甚至将入围总收入前10名的非四大所收入全部加起来，仅及普华永道中天收入的一半（52.25%）。从人均收入看，国际四大合作所依然独占鳌头。人均总收入最多的会计师事务所为安永华明，其余三大合作所也分别占据了前4名位置，并将国内同行远远抛在后面。国内所人均总收入最多的北京天健也只有72万元，尚不足四大最后一名（普华永道中天）的三分之一（26.43%）。

从市场集中率看，在2004年报审计市场中，客户总资产最多的前10名会计师事务所审计的客户总资产金额占全部总资产金额的64.24%，比2003年报审计市场的集中率（63.27%）略有增加。其中，位居第一的毕马威华振的客户总资产金额达12 579亿元，几乎占披露2004年报上市公司总资产金额的五分之一。根据历史数据，安永大华、北京京都、上海立信长江、安永华明、信永中和连续6年名列前10名，另外，普华永道中天在最近5年内也连续名列前3名。由图3-2可以看出，我国审计市场主要集中在四大所以及国内十大所手中。但是，对于国际四大与国内十大的审

---

① 在后面我们会具体分析不同类型会计师事务所的市场份额。

计质量是否存在系统性差异，国内仍缺乏一致性的证据，因此，在研究企业选择事务所的行为动机之前，我们有必要首先区分这些事务所的质量问题。

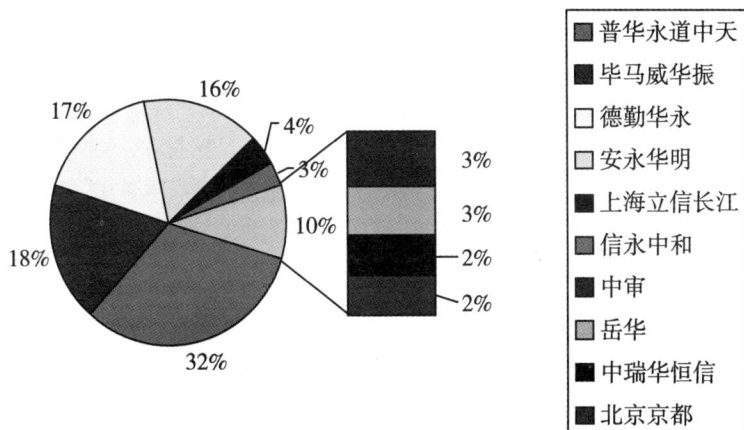

图 3-2　2004 年国内十大会计师事务所市场份额

2) 政府管制下的会计师事务所分类

由于我国审计市场脱胎于计划经济，处于由计划经济向市场经济转轨的时期，并且加上其新生市场的特征，政府的干预是不可避免的。尽管随着市场化程度的加大以及会计市场的开放，政府的干预逐渐由对微观主体的干预演变为宏观调控，但短时期内对市场的影响仍然不会消失，政府对事务所的管制影响依然存在，并且可能会为部分事务所带来管制便利。中国证监会 2003 年 2 月 28 日发布的《股票发行审核标准备忘录第 16 号——首次公开发行股票的公司专项复核的审核要求》规定，证监会发行监管部在审核 IPO 公司的申请文件时，如发现其申报财务会计资料存在重大疑问，或其财务会计方面的内部控制制度有可能存在重大缺陷、并由此导致申报资料存在重大问题时，可以要求其另行委托一家具备证券执业资格、信誉良好的会计师事务所对申报财务会计资料的特定项目进行专项复核。根据证监会会计部便函〔2002〕25 号规定，15 家事务所具备专项复核资格。① 同时，从市场份额看，在这 15 家事务所中，有 10 家业务收入在近四年均名列前 10 名，包括 4 家国际合伙所和 6 家国内事务所；从审计收费看，四大所审计收费远高于国内事务所，具备专项复核的国内事务所收费显著高于其他国内事务所（王艳艳、董秀琴，2006）。虽然《股票发行审核标准备忘录第 16 号——首次公开发行股票的公司专项复核的审核要求》在 2003 年 12 月 16 日被修订，其中"信誉良好"被删除，专项复核事务所名单被废止，但不可否认的是，首次获得 IPO 专项复核资格的 15 家事务所被政府认定为信誉良好的事务所，无论该资格取消与否，实际上政府的资格认定行为已经向证券审计市场传递了其审计质量区分的信号，向市场传达了监管者偏好的信号。而审计作为信任品，判断其质量的重要标准之一就是信誉，因此，我们质疑：政府认定的信誉良好的事务所与其他事务所在审计质量方面是否存在系统性差异？政府的管制行为是否给他们带来了管制便利?②

　　基于以上市场和管制因素的考虑，在后面的实证检验部分我们将事务所分别按两种标准分类：在第一种标准下，分为国际四大所、国内十大所和其他事务所；在第二类标准下，分为四大所，具有 IPO 专项复核资格的国内事务所和其他事务所。

3）会计师事务所市场份额的描述性统计

　　对于事务所排名常用的指标有客户资产、客户数量与事务所业

---

　　① 根据证监会会计部发布的《具备执行 A 股公司补充审计的试点业务及首次发行证券过程中的专项复核业务资格的会计师事务所名单》（会计部便函〔2002〕25 号），15 家具备专项复核资格的事务所分别为：天健、北京京都、毕马威华振、信永中和、上海立信长江、上海众华沪银、安永大华、德勤华永、普华永道中天、江苏天衡、浙江天健、厦门天健、广东正中珠江、深圳大华天诚、深圳天健信德。
　　② 主要是指这部分会计师事务所获得了较大的市场份额，但其实际审计质量与其他会计师事务所并不存在系统性差异。

务收入。从审计独立性的角度来看，按业务收入排名相对合理，更能反映事务所的审计质量。根据中注协网站公布的百强事务所业务收入情况，本书计算了四大所与国内十大所按业务收入的市场份额，见表3-1。2002—2004年间，国际四大所占百强事务所的市场份额分别为38.22%、40.15%和45.71%，远远高于国内十大所的份额（平均约为14%），且四大所业务收入所占的份额呈稳步上升的趋势。因此，四大所在中国审计市场中的地位不容忽视。本书按照中注协历年业务收入排名，将事务所分为国际四大所、国内十大所，并将证监会《股票发行审核标准备忘录第16号——首次公开发行股票的公司专项复核的审核要求》文件规定的"非四大"之外的11家国内事务所单独列为一类，通过比较不同类事务所的市场份额，以初步窥探我国上市公司雇用事务所的动机。

表3-1　　　　2002—2004年按业务收入的市场份额

会计师事务所类型	2002年	2003年	2004年
国际四大所	38.22%	40.15%	45.71%
国内十大所	15.55%	13.69%	13.23%

资料来源　根据中国注册会计师协会网站披露的"全国百强会计师事务所排名"整理。

表3-2为按客户资产以及客户数量计算的会计师事务所份额。[1] 虽然国际四大所在中国审计市场的客户数量较少，按客户数量计算的市场份额四年平均为7.33%左右，其客户数量远远低于国内十大所以及国内具备IPO专项复核资格的事务所，但按客户总资产计算的市场份额四年平均却高达32%左右，远远高于国内的事务所，说明国际四大所的客户规模要远远大于国内事务所。并且在2001-2004年间，国际四大所的市场份额基本上呈稳步增长的

---

[1]　由于无法获取所有会计师事务所的业务收入数据，因此本书未计算按业务收入计算的市场份额。

趋势，虽然 2004 年的客户数量有所减少，但其按客户规模计算的市场份额基本保持不变。在我们的样本期间内，国内十大所和国内具备 IPO 专项复核资格的事务所市场份额基本也呈稳步增长的趋势。值得注意的是，在证监会 2003 年发布了《股票发行审核标准备忘录第 16 号——首次公开发行股票的公司专项复核的审核要求》后，具备 IPO 专项复核资格的事务所以客户数量和客户总资产计算的市场份额均有了较大的提高。这说明，这一文件对公司选择事务所的行为存在一定的影响，至少扩大了这部分事务所的市场份额。

表 3-2　　2001—2004 年 A 股上市公司事务所的市场份额
（按客户资产和客户数量计算）

事务所类型	按客户总资产计算的市场份额（%）				按客户数量计算的市场份额（%）			
	2001 年	2002 年	2003 年	2004 年	2001 年	2002 年	2003 年	2004 年
国际四大所	28.05	35.23	33.14	32.68	5.61	8.82	8.18	6.73
国内十大所	16.81	16.72	17.21	18.62	18.88	18.64	19.25	20.94
国内具备 IPO 专项复核资格的事务所	21.67	19.80	20.61	22.33	22.97	22.17	22.69	24.75

注：（1）本表不含金融企业；（2）2001 年的国际四大包含安达信华强的市场份额；（3）2002 年沪江德勤更名为德勤华永。

表 3-3 列示了各会计师事务所在不同客户资产区间的市场集中率。可以看出，随着客户资产规模的增大，公司选择国际四大所和国内十大所以及具备 IPO 专项复核资格事务所的比例逐渐增大，这种趋势在选择国际四大所方面尤其明显。随着客户规模的增加，选择国际四大所的比例变化明显大于另外两类事务所，且国际四大所在规模大的客户中市场集中度较高。这可能是由于规模经济原因造成的，小所不具备审计大客户的能力。

表3-3   2001—2004 年各事务所市场份额（按客户资产区间计算）

总资产 （亿元）	国际四大所				国内十大所				国内具备IPO复核资格的事务所			
	2001 年	2002 年	2003 年	2004 年	2001 年	2002 年	2003 年	2004 年	2001 年	2002 年	2003 年	2004 年
0~5	0.78	2.99	2.35	0	13.18	11.94	13.28	16.18	14.73	13.43	17.19	22.06
5~10	1.28	3.178	3.85	2.66	18.85	17.78	15.03	15.61	21.73	22.86	20.63	19.60
10~15	2.83	4.1	4.1	3.63	19.43	19.67	20.49	24.19	21.46	18.85	20.49	25.81
15~20	7.75	8.59	6.67	1.34	20.16	18.75	20.67	24.83	25.58	23.44	22.67	26.17
20~25	9.76	14.29	9.01	9.40	19.51	18.37	24.32	23.08	28.05	24.49	24.32	26.5
25 以上	14.8	20.59	17.68	15.54	20.63	22.06	21.95	22.54	27.80	27.21	27.74	27.72
合计	5.61	8.82	8.18	6.73	18.88	18.64	19.25	20.94	22.97	22.17	22.69	24.75

注：表中各数据为会计师事务所在不同资产区间范围内的市场集中率，等于事务所该区间客户数量与该区间公司数量之比。

表3-4、表3-5 列示了按客户总资产和客户数量计算的分行业事务所市场份额。由表3-4 可以看出，按客户总资产计算的市场份额中，国际四大所在采掘业、电力行业和交通运输业中具有显著的优势，分别为91%、31% 和32%（四年平均），在社会服务业也具有较大的市场份额。在客户数量方面（表3-5），国际四大所在这四个行业也具有较大的市场份额，分别为11.21%、5.82%、17.5% 和15.72%。但是由于国际四大所在这些行业拥有的客户数量较少，仍不具有行业专业化①优势。国内十大所及国内具备 IPO 复核资格的事务所主要在农业、信息技术业、批发零售业及传播与文化产业具有较大的市场份额，但从行业专业化程度来看，国内事务所仍缺乏行业专业化特长。总之，从分行业的事务所市场份额来

---

① Craswell（1995）将具有行业专业化的事务所定义为：在一个拥有至少30个客户的行业中，如果事务所的业务收入、客户比例或客户资产比例达到10%以上，且是该行业的领导者，则该事务所具有行业专业化。

看，无论是国际四大所还是国内十大所，到目前为止仍缺乏行业专业化。因此，利用行业专业化来衡量审计质量在我国目前还不适用。

表3-4　　　2001—2004年分行业的事务所市场份额（按客户总资产）

行业代码	国际四大所（%）				国内十大所（%）				国内具备IPO复核资格的事务所（%）			
	2001年	2002年	2003年	2004年	2001年	2002年	2003年	2004年	2001年	2002年	2003年	2004年
A：	0	0	0	0	12.01	23.73	24.94	26.82	11.73	24.8	33.45	45.65
B*：	93.23	92.9	89.9	89.61	1.13	0.59	0.57	0.68	1.61	1.85	2.22	2.18
C：	17.38	23.41	21.40	20.19	15.15	16.05	18.31	19.79	20.42	18.56	20.97	22.72
D：	31.42	33.38	27.56	30.61	9.87	8.74	8.61	12.18	16.48	14.86	11.76	11.2
E*：	13.70	15.91	12.51	12.24	36.22	38.43	34.98	23.45	31.66	34.51	39.55	31.12
F：	19.58	28.12	38.49	42.32	35.31	35.99	29.82	30.88	43.14	44.28	37.4	36.41
G：	7.83	60.52	57.17	55.52	34.6	15.54	14.55	14.57	33.25	16.10	14.72	23.89
H：	2.79	4.63	3.94	3.35	28.26	28.65	23.82	28.89	35.05	35.48	31.71	35.93
I*：	0	0	0	0	100	100	100	100	100	100	100	100
J：	10.13	29.66	34.84	37.43	20.74	19.04	17.78	19.78	28.15	24.16	24.44	23.83
K：	18.58	24.88	25.89	26.84	36.96	34.16	32.4	31.21	41.36	35.30	33.40	32.14
L*：	9.24	9.21	11.93	0	26.84	26.24	27.71	44.44	34.92	30.99	30.84	45.45
M：	2.72	9.17	8.42	1.86	20.57	21.16	25.19	24.84	35.87	27.74	34.05	33.44

　　注：A：农、林、牧、渔业；B：采掘业；C：制造业；D：电力、煤气及水的生产和供应；E：建筑业；F：交通运输、仓储业；G：信息技术业；H：批发和零售贸易；I：金融、保险业；J：房地产业；K：社会服务业；L：传播与文化产业；M：综合类。*表示2001—2004年间行业内平均公司数少于30家。

表 3-5　　2001—2004 年分行业的事务所市场份额（按客户数量）

行业代码	国际四大所（%）				国内十大所（%）				国内具备 IPO 复核资格的事务所（%）			
	2001 年	2002 年	2003 年	2004 年	2001 年	2002 年	2003 年	2004 年	2001 年	2002 年	2003 年	2004 年
A：	0	0	0	0	10.34	12.90	12.90	13.33	10.34	16.13	22.58	26.67
B*：	13.33	12.5	9.52	9.52	13.33	6.25	4.76	4.76	20	18.75	14.29	14.29
C：	5.66	8.58	7.91	6.55	16.51	16.45	18.14	19.65	19.42	18.74	19.92	21.42
D：	4.65	6.38	6.12	6.12	11.63	10.64	12.24	16.33	18.60	19.15	18.37	20.41
E*：	5.56	5.26	4.17	4.35	33.33	36.84	29.167	21.74	22.22	26.32	25	21.74
F：	11.11	20	20.37	18.52	26.67	20	20.37	25.93	35.56	28	29.63	33.33
G：	7.14	13.33	8.82	10.61	25	28.33	27.94	24.24	28.57	33.33	30.88	34.85
H：	1.03	3	3	2.04	29.9	31	29	30.61	35.05	35	33	34.69
I*：	0	0	0	0	100	100	100	100	100	100	100	100
J：	6.06	14.71	17.65	17.65	21.21	17.65	17.65	17.65	30.30	26.47	26.47	26.47
K：	15.38	17.5	17.5	12.5	15.38	15	15	15	23.08	20	20	20
L*：	9.09	8.33	9.09	0	27.27	33.33	27.27	36.36	36.36	33.33	36.36	45.45
M：	2.44	6.1	4.94	1.3	19.51	18.29	17.28	20.78	28.05	24.39	24.69	27.27

注：A：农、林、牧、渔业；B：采掘业；C：制造业；D：电力、煤气及水的生产和供应；E：建筑业；F：交通运输、仓储业；G：信息技术业；H：批发和零售贸易；I：金融、保险业；J：房地产业；K：社会服务业；L：传播与文化产业；M：综合类。* 表示 2001—2004 年间行业内平均公司数少于 30 家。

表 3-6 列示了按照客户资产收益率区间划分的各事务所市场份额。可以看出，随着客户资产收益率的增加，国际四大所的市场份额呈稳步增长的趋势。这说明随着客户盈利能力的提高，企业选择国际四大所的比例逐渐增加，绩优企业具有选择国际四大所的动

机，以使自身与绩差公司区分开来，初步验证了独立审计的信号功能。但是在国内的两类事务所中，不存在这种趋势，国内十大所和国内具备 IPO 复核资格的事务所在各区间的市场份额基本呈无序状态。

表 3-6 2001—2004 年各事务所市场份额（按客户资产收益率 ROA）

资产收益率（ROA）	国际四大所（%）				国内十大所（%）				国内具备 IPO 复核资格的事务所（%）			
	2001 年	2002 年	2003 年	2004 年	2001 年	2002 年	2003 年	2004 年	2001 年	2002 年	2003 年	2004 年
0 以下	4.23	3.68	2.05	1.74	15.5	12.88	9.59	15.12	20.42	12.88	15.07	16.86
0 ~ 0.025	5.92	6.37	6.38	4.93	18.09	17.45	17.08	19.92	21.05	19.10	18.93	23.53
0.025 ~ 0.05	5	10.9	9.12	5.41	20	21.8	26.78	26.43	23.75	26.98	27.92	28.83
0.05 ~ 0.075	6.55	11.41	9.32	10.37	21.43	20.81	18.63	18.9	25	24.83	24.22	26.22
0.075 ~ 0.1	6.94	19.67	22.03	15.19	13.89	14.75	20.34	25.32	26.39	26.23	30.51	30.38
1 以上	8.11	11.11	18.18	22.58	24.32	25.93	15.91	16.13	24.32	37.04	31.82	24.19
合计	5.61	8.82	8.18	6.73	18.88	18.64	19.25	20.94	22.97	22.17	22.69	24.75

注：表中各数据为事务所在不同资产收益率区间内的市场集中率，等于事务所某区间客户数量与该区间公司数量之比。

表 3-7 列示了按照客户股权集中度区间的各事务所市场份额。可以看出，随着客户股权集中度的增大，国际四大所的市场份额呈先增后降的趋势，基本在 50% ~ 60% 达到最大。可以初步推断，二者之间是非线性的 N 型关系，这说明企业选择国际四大所的动机有可能与企业内部的所有权安排有关。[①] 但是在国内的两类事务

---

① 在本章的第三节将进行详细的理论分析。

所中，不存在这种关系。

表3-7　　2001—2004年各事务所市场份额（按股权集中度）

股权集中度	国际四大所（%）				国内十大所（%）				国内具备IPO复核资格的事务所（%）			
	2001年	2002年	2003年	2004年	2001年	2002年	2003年	2004年	2001年	2002年	2003年	2004年
0~0.2	2.13	3.06	2.06	2.88	23.40	22.45	24.74	25	21.28	21.43	26.80	27.88
0.2~0.3	4.33	4.92	4.40	2.80	19.69	17.80	16.67	17.65	22.44	21.59	18.55	21.29
0.3~0.4	4.79	7.47	8.94	7.14	19.76	21.27	20.67	26.19	23.95	24.71	25.7	28.57
0.4~0.5	6.67	13.74	11.17	9.7	18.18	18.13	19.68	18.88	23.03	23.08	25.53	25.51
0.5~0.6	9.13	13.27	12.33	9.61	17.79	17.7	19.82	22.27	20.67	17.7	19.82	23.58
0.6~0.7	4.91	6.9	6.55	7.34	17.18	17.24	19.05	20.34	26.99	25.86	26.79	26.55
0.7以上	5.56	12.33	14.29	12.5	16.67	17.81	17.14	18.75	22.22	21.92	20	23.44
合计	5.61	8.82	8.18	6.73	18.88	18.64	19.25	20.94	22.97	22.17	22.69	24.75

注：表中各数据为事务所在不同股权集中度区间内的市场集中率，等于事务所某区间客户数量与该区间公司数量之比。

表3-8列示了按照客户最终控制人类型的各事务所市场份额。可以看出，在中央政府、地方政府和非政府控制的企业中，国际四大所的市场份额呈递减趋势，说明中央政府控制的企业存在较大的动机选择国际四大所。此外，在中央政府控制的企业中，国内十大所和国内具备IPO复核资格的事务所规模均大于地方政府控制的企业的市场份额，且在国内的两类事务所中，地方政府控制的企业中这两类事务所被选择的比例最小，说明中央政

63

府可能扮演的是"帮助之手"角色，而地方政府可能扮演的是"掠夺之手"角色。

表3-8　　2001—2004年各事务所市场份额（按最终控制人类型）

最终控制人类型	国际四大所（%）				国内十大所（%）				国内具备IPO复核资格的事务所（%）			
	2001年	2002年	2003年	2004年	2001年	2002年	2003年	2004年	2001年	2002年	2003年	2004年
中央政府	7.69	16.20	15.15	14.41	20.12	19.55	19.19	23.87	22.49	22.35	20.20	24.77
地方政府	5.60	8.14	8.19	6.09	17.09	17.45	18.33	19.81	21.99	21.13	22.22	24.24
非政府	4.17	5.6	3.95	3.56	23.33	21.6	21.28	21.37	26.25	25.2	25.22	25.7
合计 数目	63	105	102	90	212	222	240	280	258	264	283	331
合计 比例	5.61	8.82	8.18	6.73	18.88	18.64	19.25	20.94	22.97	22.17	22.69	24.75

注：合计一栏绝对数目为不同事务所当年客户总数；比例一栏为事务所客户总数与当年上市公司的比值。其他栏数据为事务所在不同类型企业中的市场集中率，等于事务所该企业类型下客户数量与该类型公司数量之比。

3.1.4　小结

独立审计首先是市场选择的结果，是一种市场机制，政府管制是为了消除市场失灵。在我国的转型经济体制下，审计市场是一个新兴的市场，新兴加转轨的双重特征，决定了其必然会存在市场失灵，以及政府在其中的特殊角色不可忽视。为了提高审计质量，自审计市场恢复重建以来，政府采取了包括脱钩改制在内的一系列的事前、事中、事后等管制措施，这些措施在当时的市场状况下对审计质量的提高发挥了积极的作用。但是，任何事物都是正反两方面的结合体，一些管制在提高审计质量的同时也带来了消极作用，为事务所的寻租行为提供了空间，造成了市场分割，进而限制了独立审计功能的发挥。但从整体上看，在政府的监管下，我国的审计质量有了很大的提高。

只有了解了我国审计市场的概貌，才能清晰地分析其中的微观行为。中国证券审计市场一路风雨飘摇，发展至今，逐步形成了以国际四大所、国内十大所等事务所为主体的市场结构，并且呈稳态发展。国际四大所在国内的客户数量虽然不到 10% 的份额，但其业务收入和按客户资产计算的市场份额却高达 40% 左右，远高于国内十大所及具有 IPO 专项复核资格的事务所，说明国际四大所在我国市场中是一股不可忽视的力量。描述性统计的结果初步显示：

第一，在市场结构方面，我国审计市场比较分散，市场集中度比较低，不具有垄断特征。从客户数量看，国际四大所的市场份额不足 10%，但是其所审计的上市公司总资产已达到三分之一以上；国内十大所审计了 18% 左右的上市公司和总资产，国内具有 IPO 专项复核资格的事务所审计了 23% 左右的上市公司，21% 左右的总资产。说明我国审计市场基本上形成了大企业选择大所的格局，符合规模经济原理。

第二，从按客户资产收益率区间计算的市场份额看，随着客户规模的增大，公司选择国际四大所、国内十大所和具有 IPO 专项复核资格的事务所的比例也在增大，表明规模大的企业更可能选择大所。

第三，从按客户资产收益率区间划分的市场份额看，随着客户盈利能力的提高，公司选择国际四大所的比例逐步增大，说明业绩好的企业具有选择国际四大所的动机。

第四，从分行业的事务所市场份额看，我国目前还没有形成行业专业化，审计市场缺乏明显的行业分工。

第五，从按客户股权集中度区间计算的市场份额看，随着股权集中度的增加，国际四大所的市场份额呈先升后降的趋势，二者之间存在 N 型关系，说明公司选择事务所的动机与企业内部的代理冲突相关。

第六，从按客户最终控制人类型计算的市场份额看，中央政府控制的企业中，国际四大所、国内十大所和具有 IPO 专项复核资格的事务所市场份额均高于地方政府控制的企业，并且在地方政府控制的企业中，国内两类事务所的市场份额最大，说明地方政府和中央政府对公司选择事务所行为的影响可能存在差异。

本书将在后面的实证检验部分进一步验证上述初步分析结论。

3.2 制度变迁与审计需求的变化：制度分析

过去的研究普遍认为，我国审计市场由于政府的管制，有效审计需求不足，企业缺乏高质量审计需求的动机（李树华，2000；朱红军等，2004）。然而，近几年，我国的证券市场发生了巨大的变化，政府对审计市场的管制方式也在转变，市场的潜在需求是否会随着制度的变化而变化？同时，从上一章的理论分析可知，政府管制对审计需求可能存在正负两种影响，随着政府职能的转变，其对审计需求的影响也会发生变化。由于真正的审计需求源于市场机制，而我国的经济体制正处于转型时期，因此，研究我国审计市场中的公司行为，不仅是研究一个现实问题，需要了解现实环境，也是在研究一个历史问题，需要具有历史的眼光。本节我们将用发展的眼光，分析我国审计市场中的外部制度诱因变迁以及由此引发的审计需求变化。

3.2.1 制度诱因变迁与审计需求变化：制度分析

独立审计需求源自市场机制，要想真正拉动市场的需求，必须从完善市场机制出发。为了激发对高质量审计的需求，政府也付出了极大的努力，对证券、审计市场推行了一系列的改革，本书以下部分将分析这些制度变化对审计质量需求的影响。

1）股份制改革与证券市场的发展：客观上催生了独立审计需求

改革开放以来，建立以公有制为主体的现代企业制度成了我国国有企业改革的方向，而现代企业制度的主要特征是"产权清晰、权责明确、政企分开、管理科学"。同时，党中央 2002 年 11 月 8 日在中国共产党十六次全国代表大会上明确指出，"各级政府要严格执行国有资产法律法规，坚持政企分开，实行所有权和经营权分离，使企业自主经营、自负盈亏，实现国有资产保值增值"，因此，政企分开、明晰产权成了国企改革的关键，而理顺产权关系则是重中之重。中央开始放权让利，扩大企业的自主经营权，对经营者的考核由以前的完成国家生产任务转为以利润为核心的业绩指标，激励考核方式的转变不仅激发了经营者的积极性，也刺激了他们操纵利润的动机，引发了委托—代理问题。而解决这一问题的最好方式便是雇用外部审计。从 1997 年开始，中央要求所有国有大中型企业必须接受注册会计师的审计，到 2000 年年末，中国境内经营的所有企业必须依法接受注册会计师的审计。两权分离取向的产权关系改革，导致了经营者和所有者之间的信息不对称及潜在的道德风险，从根本上激发了对独立审计的需求，使独立审计得以发展。

政府分权改革的结果导致了地方政府与中央政府之间的利益分歧，引发了地方保护主义，而地方政府角色转换与改制的成败关系到地方经济的发展。政府在改革过程中是否进行深入、彻底的机构改革、是否有意识地限制自己的权力，是改制成败的关键，也是造成各地经济发展不均衡的重要原因（姚洋，2001）。因此，地方政府要想改制取得好的成效，必须通过市场机制给外界一个可信的承诺（credit commitment），表明自己在改制后将约束自己对企业的干预和地方官员的"掠夺之手"。要求企业雇用高质量的外部审计，选择高质量的事务所是有效的信号之一。因此，政府分权改革也带来了对独立审计的潜在需求。

同时，对独立审计的需求产生推波助澜作用的是证券市场的发展。当企业的筹资方式从单一的银行借款转向借款与从证券市场筹资等多种方式并存时，企业的投资主体呈现了多元化态势，企业经营者不仅需要向国家和银行负责，更需要向广大的中小投资者负责，企业的利益相关人范围也由此扩展。随着所有权结构的多元化和受托责任关系的扩展，使得市场对企业财务信息的需求日益增加，但是由于巨大的私人信息搜索成本，这些利益相关人不可能直接监督企业，因此加剧了对独立审计的需求。

总之，中国经济体制改革过程中的产权改革、政府分权让利改革以及证券市场的发展，促进了企业所有权与经营权的分离，丰富了企业的投资主体，扩大了受托责任的范围，在发展效率提高的同时也导致了信息不对称和潜在的道德风险，从根本上激发了对独立审计的需求。

2）打破地区市场分割，为企业选择事务所提供更广阔的空间

我国政府在放权让利和分权改革的同时，也扩大了地方政府的权力，并滋生了地方保护主义倾向。而地方政府通常与企业的关系更紧密，为了本地区经济的发展以及本部门的利益，一些地方政府人为地限制其他地区会计师事务所进入本地区执业，从而导致审计市场的地区分割，也限制了企业选择事务所的范围。但是随着1999年事务所脱钩改制的完成，审计市场的地区分割开始被打破，为企业选择高质量事务所提供了更广阔的空间。表3-9列示了我国A股上市公司2001—2004年间聘请异地事务所的数量与比例。

表3-9   A 股上市公司聘请异地事务所的数量和比例

		2001 年	2002 年	2003 年	2004 年	合计
聘请本地事务所	数目（家）	839	859	886	811	3 395
	比例（%）	74.38	72.12	70.82	58.85	68.61
聘请异地事务所	数目（家）	289	332	365	567	1 553
	比例（%）	25.62	27.88	29.18	41.15	31.39
上市公司数目		1 128	1 191	1 251	1 378	4 948

注：数据来自于中国注册会计师协会网站，并根据事务所的合并情况进行调整。

从表3-9可以看出，在2001—2004年间，虽然只有1 553家（31.39%）的上市公司聘请了外地事务所作为其主审事务所，但是聘请异地事务所的数量与比例呈逐年上升的趋势，尤其2004年增加幅度最大。这说明，虽然我国审计市场仍然存在明显的地域分割，但是这种地域分割的趋势在逐年减弱，尤其是随着中国会计市场的开放，市场分割的状况将逐渐消失。

3）完善公司治理，健全会计师事务所选聘机制

事务所聘任机制是公司事务所选择行为的直接决定因素，也是独立审计功能有效发挥的前提。而公司管理层或内部人作为审计服务的代理需求者，其利益动机决定了他们的行为，容易产生"内部人控制"或"一言堂"现象。外部审计作为公司的内部治理机制，其聘任情况受制于公司的治理结构。在国外，审计委员会是公司选择会计师事务所的主要决策机构，可以作为一种有效的制衡机制以抑制"内部人控制"带来的影响，但是在国内，长期以来，事务所的选择大多由经理人选择，并报董事会批准，而股东缺乏对事务所聘请情况的监督和制约。

然而，从2000年起，推动上市公司完善公司治理、规范上市公司运作，成为了证监会工作的重心。2001年8月16日，中国证

监会颁布了《关于在上市公司建立独立董事制度的指导意见》，其中明确规定，境内上市公司应当按照本指导意见的要求修改公司章程，聘任适当的人员担任独立董事，其中至少包括一名会计专业人士（具有高级职称或注册会计师资格的人士），在 2002 年 6 月 30 日前，董事会成员应当至少包括 2 名独立董事，在 2003 年 6 月 30 日前，上市公司董事会成员应当至少包括 1/3 独立董事；同时，上市公司应当赋予独立董事"向董事会提议聘用或解聘会计师事务所"和"独立聘请外部审计机构和咨询机构"的职权。

除此之外，中国证监会、国家经济贸易委员会于 2002 年 1 月联合发布的《上市公司治理准则》中规定，上市公司董事会可以按照股东大会的有关决议，设立战略、审计、提名、薪酬与考核等专门委员会，专门委员会全部由董事组成，其中审计委员会至少应有一名独立董事是会计专业人士。其中，审计委员会的职责之一就是提议聘请或更换外部审计机构，负责内部审计与外部审计之间的沟通。

这些法规客观上推动了上市公司治理机制的完善和会计师事务所选聘机制的健全，从微观机制上拉动了企业选择高质量事务所的动机。

4）新股发行审核制度的变革与独立审计需求

我国的新股发行先后经历了行政审批制、核准制到现行的保荐人制度，正在一步步地走向市场化。在行政审批制下，能否发行股票以及发行额度是由地方政府和中央主管部门在中央政府规定的总规模内确定的。由于每年的发行额度有限，因此其成了稀缺的"壳"资源，地方政府为了发展地区经济，争夺更多的宝贵"壳"资源，会采取地方保护主义，各地方政府也由此陷入了一种基础设施竞赛式（infrastructure race）的"囚徒困境"里，它们会纵容本地企业进行财务"包装"，"粉饰"财务报表以达到申请发行新股的资格。此时，企业不存在选择高质量会计师事务所的动机，重要的是找到更为配合的会计师事务所。

随着 1999 年 7 月《证券法》的颁布，中国的新股发行制度改革为核准制，核准制取消了行政审批制度下的额度管理和控制，并将审核权限交由单一的机构中国证监会负责。在核准制下，政府所做的是保证证券市场信息的真实、公开和透明，对证券发行人的质量则交由市场来判断，通过市场机制实现优胜劣汰。因此在这种制度下，市场中绩优、绩差公司并存，导致投资者不得不承担较多的风险，因此，他们很注重企业的财务报告，以此来对上市公司进行价值判断。而事务所的审计报告成为投资者判断的重要依据，导致证券市场对高质量的审计有强烈的需求，同时上市公司也愿意雇用高质量的事务所向市场传递信号。但是，由于在该制度下，审核单位是中国证监会，容易导致政府与企业之间的寻租行为；并且，由于上市资源仍然是稀缺的，企业仍然不具有雇用高质量事务所的动机。因此，该制度与审批制相比，在一定程度上能够从制度上刺激市场对高质量审计的需求，但企业为了发行上市，通常会与承销人合谋，粉饰财务报表，缺乏雇用高质量事务所的动机。

为了克服核准制的缺点，中国证监会又于 2004 年 2 月 1 日颁布实施了《证券发行上市保荐制度暂行办法》，对新股发行实施保荐人制度。该制度是介于注册制①与核准制下的一种过渡制度，它继承了核准制的优点，同时要求保荐机构负责证券发行的主承销工作，依法对公开发行募集文件进行核查，向中国证监会出具保荐意见，并承担相应的责任。在这种制度下，事务所应与保荐人配合并一并承担责任，因此保荐人为了减轻自身的风险，会督促企业雇用高质量的事务所，可以在一定程度上避免核准制下企业与承销人的

① 注册制是一种完全市场化的新股发行制度。在该制度下，证券发行人在发行证券之前，必须按照法律规定的要求申请注册，并提供注册所需要的一切资料和信息。在履行了注册手续后，如果所提供的信息经审核完全属实，申请人即可获得证券发行资格。在以美国为代表的发达资本主义市场上，新股发行实行注册制。

合谋，抑制其雇用低质量事务所的动机。

总之，中国新股发行制度从审批制到核准制再到保荐人制度的探索过程，是个一步步走向市场化的过程。而改革的每个阶段都逐步刺激了市场对高质量审计的需求，激发了企业雇用高质量事务所的动机。

5）机构投资者的发展与独立审计需求

近几年，证券市场中投资者主体呈现出多元化趋势。中国证监会一直在致力于发展以基金（包括开放式基金和封闭式基金）为代表的机构投资者，为证券市场带来了很大的变化。受其影响，不仅中小投资者的投资理念发生了变化，而且盈利方式也开始由"跟庄方式"向"价值回归和价值发现"模式转变。在新的价值投资模式下，机构投资者和中小投资者都更加关注公司的价值，而上市公司的财务报表和审计报告是价值发现的依据。因此，独立审计在证券市场中的作用日益增强。此外，机构投资者一般均拥有一批专业的分析师，他们对高质量审计有强烈的需求，这些都加剧了市场对独立审计的需求，促使企业选择高质量的事务所。

同时，QFII制度的实施，在引进西方成熟市场的先进投资理念的同时，也激发了市场对高质量审计的需求。因为对境外投资者而言，他们重视的是上市公司的成长性和盈利性以及由此带来的投资回报，因此，他们尤其注重审计质量所传递的信号。对于上市公司来讲，聘请高质量的事务所可以向这些境外机构投资者传递经营业绩良好的信号，从而获得其信赖。总体来说，资本市场中机构投资者队伍的壮大，不但引领了中小散户，改变了市场投资理念，而且激发了市场对高质量审计的需求及公司选择高质量事务所的动机。

3.2.2　小结

总之，中国证券审计市场特有的新兴加转轨的制度背景对上市

72

公司和会计师事务所的市场行为都产生了重大的影响。由于中国证券审计市场是在政府主导和推动下发展起来的，因此，早期的研究普遍认为我国审计市场中的有效需求不足，缺乏对高质量审计服务的需求（李树华，2000；朱红军等，2004）。但由于他们的研究对象都是限于早期的审计市场，因此，不能反映我国目前转型时期的特征。审计服务的有效需求来自于市场，靠市场机制来支撑。近几年，随着我国经济体制改革的深入、政府职能的逐步转变以及企业私有化改革的兴起，我国的市场环境发生了很大的变化，审计质量需求的外部制度诱因如新股发行及定价制度的改革、公司治理结构的逐步完善、投资者主体的日趋多元化等，都可能导致市场对审计需求的变化。部分承受市场压力的企业可能存在选择高质量事务所的动机。

3.3 我国上市公司的所有权结构与政府干预：约束条件分析

上一节从宏观的市场环境分析了我国转型经济体制下制度变迁对审计需求的影响，但是上市公司选择事务所是一种微观行为，因此，我们有必要进一步从微观结构入手，分析企业特征对其选择行为的影响。政府干预和高度集中的股权结构所引发的内部人控制是研究我国企业行为的约束条件，本节将具体对这两方面进行分析。

3.3.1 我国上市公司的所有权安排及其产生的后果

由第二章的分析可知，所有权安排将最终决定企业选择何种类型的会计师事务所。企业所有权安排实质上是一种产权安排，股东因此享有控制权、剩余索取权及转让权，它会影响企业中契约的执行。因此，企业的所有权安排①直接决定了企业的微观行为以及企业中的代理问题，同时，这也是企业选择不同质量会计师事务所的深层动机所在。根据产权经济学的观点，高度集中的股权结构是投资者在法律保护弱的环境下一种有效的"自保"方式，在这种所有权结构下，存在两层代理问题：一层是控股股东和外部中小投资者之间的代理问题；另一层是管理层与股东之间的代理问题。但代理问题主要来自于控股股东和中小股东之间的利益冲突（Sheleifer & Vishny，1997），主要集中于第一层的代理问题。在这种所有权结构下，会产生两种效应——壕沟效应（entrenchment effect）和利益协调效应（alignment effect）。然而，由于控股股东通常会通过人事安排实现其控制权，因此使得管理层与股东之间的代理问题演变成了管理层的内部人控制问题，第一层代理问题将造成大股东侵占中小股东的利益，第二层代理问题则是对所有股东利益的侵占，但在大股东绝对控股的情况下，后者依附于前者。

在我国，由于大部分的上市公司是由国有企业改制上市的，为了保证公有制的主体地位，国家通常处于绝对控股的地位，从而造成了我国上市公司中"一股独大"的现象；同时，政府作为这些上市公司的大股东或最终控制人，又不可能直接经营管理企业，只能通过向企业任命或派驻高层管理人员的形式实现控制权，这就注定了我国上市公司中的内部人控制问题。当企业"所有者缺位"或所有者功能丧失，而企业经理获得对企业大部分控制权但又尚未在市场经济体制条件下建立起有效的国有资产管理体制的情况下，致使国有企业的内部人员（经理）在企业公司制改造过程中获得相当部分的控制权，此时容易产生内部人控制现象（青木昌彦，1995）。另外，我国上市公司中高管人员兼任的现象又进一步加剧了上市公司中本身存在的内部人控制问题。除了政府占绝对或相对

---

① 所有权安排包括最终控制人的类型和股权集中度。

控股地位之外，我国上市公司的治理结构还表现出另外一个重要特征——最高管理人员兼任现象，即控股股东的董事长同时兼任公司的总经理。李东平（2001）的研究发现，在 1995—1998 年间首次公开发行股票的公司中，最高管理人员兼任的公司占样本公司总数的比例为 82.6%（1998 年甚至高达 94.5%）；在非首次公开发行股票的公司中，最高管理人员兼任的比例虽然有所下降，但仍然高达 57.8%。最高管理人员的兼任虽然可以在一定程度上降低上市公司与控股股东之间的摩擦成本，但却进一步加深了我国上市公司中本已存在的内部人控制问题。

　　内部人控制的后果是，使企业经理人员能够运用所掌握的经营决策权，以侵占所有者权益为代价，来实现个人或小集团利益的最大化，由此导致企业运营的低效率。张维迎（1999）指出，内部人控制还导致了另外两种最主要的代理成本，即经理行为的短期化和经营者的选择问题。尽管内部人控制和两权分离情况下的经理控制产生的原因存在很大的差异，但其后果基本相似。因为内部人实际上是政府的代言人，并非资产的最终所有人，因此，无论是内部人控制还是经理控制，其实质都是不拥有所有权的人接受委托对不属于自己的财产进行经营和管理，这就不可避免地会出现机会主义行为和"掏空"行为，致使国有资产流失。因此，管理层的内部人控制产生的代理成本类似于分散股权下经理人控制产生的代理成本。

　　综上所述，在我国的上市公司中，内部人控制集中体现为大股东对中小股东利益的侵占以及管理层对所有股东利益的侵占两层代理问题，内部人控制程度的高低不仅体现在最终控制人持股比例上，而且还体现在管理层自身的在职消费，"建造帝国大厦"等掏空行为上。所以，内部人控制实际上可以分解为大股东控制和管理层控制两个层次。

3.3.2　政府干预与大股东类型

我国上市公司主要由原来的国有企业改制而来，并且，在当时的市场环境下，为了维护公有制的主体地位，这些公司在改制过程中基本上采用的是国家绝对控股或相对控股的股权设置模式。然而，现有的产权理论表明，公有产权的一个重要特征是政府干预，该特征在微观企业的体现是企业的大股东或最终控制人的类型和所有权结构。

我国上市公司的大股东主要包括国有控股企业和非国有控股企业，此外还有少数上市公司由学校或科研机构等事业性单位控股。在国有控股的企业中，其最终控制人又可以进一步细分为政府部门、控股公司①和国有企业（包括股份有限公司和工厂制企业）。对于政府直接控制的上市公司，通常是通过原国有企业整体改制而成的；国有企业控股的上市公司则基本上是通过分离原有企业的部分资产（如一个车间、分厂或分公司等）设立新的股份有限公司，改制程度通常较低。对于控股公司控制的上市公司要分为两种情况：第一种情况下，如果最终控制人为国有资产管理（投资）公司，则其改制程度与政府直接控股上市公司的情况基本相同。第二种情况下，如果最终控制人为国家授权投资的企业集团控股公司，情况也相对复杂，又可以细分为两种可能：一种可能是集团公司以其部分资产直接改组设立股份有限公司，或以其占有的部分国有资产投资设立；另一种可能是国有企业在实行股份制改组时，将其骨干部分剥离改组为股份公司，将企业剩余部分的资产组成"集团公司"，再由政府授权的所谓的"集团公司"代表国家持有股份公

---

　　①　控股公司是介于政府部门与国有企业之间的资产运营机构。在我国国有资产管理体制的改革实践中，对上述机构有不同的称呼，如"国有资产经营公司"、"国有资产投资管理公司"、"集团公司"、"产权经营机构"、"产权运营机构"、"国有资产中介机构"及"国有资产投资主体"等。

司的国家股。学校或科研机构控制的上市公司通常会受学校或科研
机构所属的政府部门的影响。

因此，无论何种类型的国有控股公司或事业性单位控股的公
司，在一定程度上都会受到政府干预的影响。由于中央政府和地方
政府对企业干预的目的不同，前者可能是出于效率观，为了提高企
业的经营效率，而后者通常是为了地区经济的发展，对企业的干预
既可能是出于效率观，也可能是出于地方保护主义，从而导致他们
对企业行为的影响也不同。为了考察政府对企业事务所选择行为的
影响，上市公司又可以根据最终控制人的类型区分为中央政府控
股、地方政府控股和非政府控股三种类型。本书在后面的实证检验
部分将采用这种分类方法来检验政府干预的影响。

表3-10为我国2001—2004年间中央政府、地方政府及非政府
控制的上市公司比例及其在上市公司中平均持股比例。可以看出，
我国有将近75%（四年平均）的上市公司为政府控制，且政府在
其中的持股比例平均在46%以上，基本处于绝对和相对控股的地
位。非政府控制的企业中，最终控制人持股比例也在30%以上，
处于相对控股的地位。由此可以看出，高度集中的股权结构是我国
上市公司的又一治理特征。

表3-10　　不同控制人控制的公司比例及其平均持股比例

最终控制人类型	公司比例（%）				持股比例（%）*			
	2001 年	2002 年	2003 年	2004 年	2001 年	2002 年	2003 年	2004 年
中央政府	15.06	15.03	15.88	16.60	47.35	47.07	46.79	46.65
地方政府	63.57	63.98	57.74	54.01	46.0	46.20	46.07	45.24
非政府	21.37	20.99	26.38	29.39	33.12	33.08	32.91	33.31
合计	100	100	100	100	—	—	—	—

注：*持股比例为不同类型控制人每年控制企业的平均持股比例。

3.3.3 政府干预与所有权结构：企业选择会计师事务所的最终决定因素

企业选择会计师事务所的"制度陷阱"在公司治理结构健全的企业，往往可以通过董事会或股东大会的否决权来加以克服，进而保证企业管理当局选择高质量的事务所；而在公司治理结构不健全、董事会和股东大会不能实质性地发挥作用的企业，对高质量事务所的选择也就无从保证了。因此，独立审计作为公司治理机制中的保证和担保机制，企业对其质量的选择直接受公司治理结构的影响。

在我国，根据中国证监会的要求，上市公司聘请事务所必须经过股东大会批准，即在审计业务的委托代理关系中，股东委托事务所鉴证公司管理当局的经营业绩，股东是委托人，事务所是代理人，管理当局与事务所原则上是独立的，不存在任何的契约、利益关系，从理论上来说企业的事务所选择行为应该是公正的。但是，前述分析综合表明，政府干预和内部人控制是我国上市公司的两大特征，它们都会削弱股东的监督作用。虽然根据证监会的要求，股东大会有权否决上市公司聘请事务所的行为，但是在我国的公司治理结构下，董事会通常被内部人控制，内部人集公司决策权、管理权和监督权于一身，审计业务的委托人实际上是公司的内部人，股东大会和董事会对事务所聘任的权力实际上被内部人控制，股东大会在事务所选择问题上基本上是个摆设。选择何种类型的事务所是内部人自身成本—收益权衡的结果，管理层控制权私人收益的大小以及影响控制权私人收益的因素是企业选择会计师事务所的终极决定因素，因此，在我国这种治理结构不健全的环境下，公司的事务所选择行为并非是完全公正的，是包括政府在内的各方利益人博弈的结果，研究我国上市公司选择不同会计师事务所的动机，必须以政府干预及所有权安排为根本出发点。

总之，在我国上市公司现有的所有权安排（包括股权集中度和大股东类型）下，上市公司呈现出三种不同的类型：即由中央政府控制、由地方政府控制和由非政府控制的上市公司；同时，由于我国上市公司股权普遍高度集中，内部人控制现象严重，这些治理特征共同决定了研究我国上市公司中的动机问题，必须考虑以下三个因素：（1）政府干预的影响；（2）大股东控制的影响；（3）管理层控制的影响。由前文我们知道，独立审计是公司治理中的外部监督和担保机制，其作用在于缓解企业的代理冲突，降低企业的代理成本。那么，在我国目前的治理结构下，董事会往往为内部人所掌控，审计业务的委托人实际上是公司的内部人，他们是否愿意通过选择高质量的事务所来实现自己的目的呢？如果他们选择了低质量的事务所，动机何在？他们的事务所选择行为又会造成什么样的经济后果，独立审计是否能够实现其经济价值？这些都是有待实证检验的命题。

3.4 文献回顾与研究问题的提出

前面三节主要从制度方面分析了我国证券审计市场中的供给与需求的变化，并分析了我国审计市场的现状，从而为本书的研究提供了基本的制度背景。本节将简要回顾国内外关于审计质量界定以及企业选择事务所动机的研究，在此基础上，结合第二章的理论分析及本章前三节的制度背景分析，提出本书研究的问题及其可能结果。文献回顾分为两个部分，由于市场上存在差异化的审计服务是企业选择事务所的前提，因此本书首先介绍了国内外关于审计质量的研究成果，然后回顾了国内外关于企业选择事务所动机的研究情况。

3.4.1 审计质量的经验文献回顾及评析

1）国外关于审计质量的研究框架

关于审计质量的定义，现有的经验研究有不同的界定，但最早的当属 DeAngelo（1981），她将审计质量定义为"审计师发现并报告企业会计报表中重大错报的联合概率"。DeAngelo 的定义是从审计风险的角度出发的，并且她的定义成了以后理论和实务研究的基础，例如，AICPA（1994，SAS No. 47）对审计质量的定义为"审计师对存在重大错报的财务报告未发表非标准审计意见的风险"。DeAngelo（1981）的定义包含了理解审计对财务报表信息影响的重要特征。在她的定义中，"发现重大错报"是指审计师的专业胜任能力（competence），"报告"指的是审计师的独立性（independence），而审计质量是二者的联合函数。

但是由于这两个组成要素仍然无法直接观察和计量，此后，又有一些学者从不同的角度对审计质量进行了定义，具体包括：（1）审计师对包含重大错报的会计报告未发表适当审计意见的概率（Lee 等，1999）；（2）审计师呈报信息的准确性（Titman & Trueman，1986；Beaty，1989；Krinsky & Rotenberg，1989；Davidson & Neu，1993）；（3）审计师降低会计数据中噪音和偏度、以及提高其精度的能力（Wallance，1980）。这些定义的相同点是它们都包含了专业胜任能力和独立性两个纬度，不同的是它们相对容易度量，在这些定义的基础上，发展出了一些审计质量的间接衡量指标，具体有：（1）事务所规模（DeAnglo，1981）；（2）诉讼发生率（Palmrose，1988）； （3）事务所品牌声誉（Defond，1992）；（4）行业专业化（Defond，Mark & Li，1992）；（5）盈利反应系数 ERC（Toeh & Wong，1993）；（6）审计意见（Defond，Wong & Li，1999）；（7）会计信息质量，如应计质量、稳健性等（Francis 等，1999；Becker 等，1998；Krishnan，2003）。Ann &

80

William 等（2004）认为，这些定义以及由此衍生出来的间接衡量指标实质上可以归为两大类：即实际（actual）审计质量和可感知的（perceived）审计质量，前者是从审计师的角度出发，用审计师的监督力量（monitoring strength）来衡量，后者从投资者的角度出发，用可被感知到的审计质量特征衡量，如声誉（reputation）、ERC、事务所规模等。审计师的监督力量影响的是财务呈报信息的质量，而审计声誉影响的是利益相关者对审计后的信息的市场反应。并在此分类基础上对审计质量的两个组成要素构筑了一个框架，具体如图 3-3 所示。

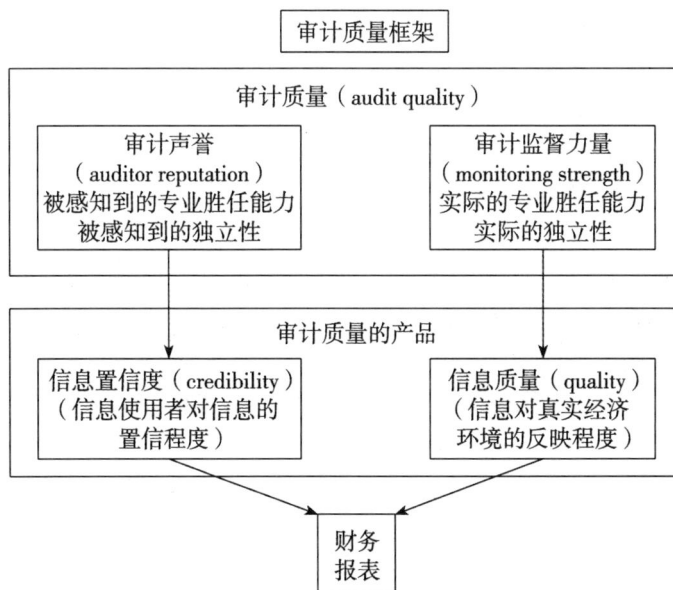

图 3-3　审计质量组成部分关系图

资料来源　Ann, William and Susan. Audit quality: A synthesis of theory and empirical evidence ［J］. Journal of Accounting Literature, 2004（23）: 155.

在图 3-3 中，Ann & William 等（2004）关于审计质量的研究框架实际上包含了审计质量各组成部分之间的关系，以及审计质量的产品和对财务报表信息的影响。审计声誉和审计师的监督力量作为审计质量的两个不同纬度的替代变量，分别源于实务和学术研究，他们共同影响审计质量服务的两种产品：信息置信度（information credibility）和信息质量（information quality）。审计声誉以信息使用者对审计师监督力量的信念（belief）为基础，通常是不可观测的。审计师的监督力量通过提高信息精度，减少信息中的噪音和偏误来影响信息质量（Wallace，1980），它代表了审计师最小化企业呈报的经济交易、事项与真实的经济交易、事项之间差距的能力，审计师的监督力量越大，经审计后的财务报表应该越能反映企业真实的经济情况，信息的质量应该越高。审计师监督力量的效力受其胜任能力和独立性（客观、公正性）的影响。

由于审计独立性分为形式独立和实质独立，前者通常描绘的是市场上投资者对审计质量的反应或投资者感知到的质量，而后者则是指审计师实际的监督力量，因此 Ann & William 等（2004）的框架实际上和传统的审计独立性（形式独立和实质独立）相吻合。审计声誉影响的是信息的可信性或信息是如何被使用者认为是可靠的，与对审计胜任能力和形式上的独立性的市场认知相联系，它代表了审计师提高会计报表可信度的能力。而审计师的监督力量影响的是财务报表信息对真实经济交易的反映程度，与审计师的胜任能力和实质上的独立相联系。由于审计声誉在所有的业务约定书中被认为保持一致，而审计师的监督力量则可以随审计业务约定书的不同而不同。因此，二者代表的审计质量可能会存在不一致性。包括安达信在内的审计失败案例说明，在一项业务约定中，较高声誉的审计师可能会提供较弱的监督力量，然而市场却有可能将低质量的信息认为是高度可信的，至少在短时期二者会存在差异。

然而，以美国审计市场为样本的大量经验证据表明，不仅"四大"的可感知（perceived）审计质量系统地高于"非四大"，而且"四大"的实际监督力量（actual monitoring strength）要系统地高于"非四大"。

首先，在可感知的审计质量方面，Titman & Trueman（1986）证明了，企业选择的事务所类型可以作为一种信号，影响 IPO 定价；Beatty（1989）用经验数据检验了 Titman & Trueman（1986）的模型，结果表明，选择"八大"作为主审事务所的 IPO 公司的股票在一级市场的投资回报率较高，这表明 IPO 公司能通过选择"八大"来提高发行价格，"八大"具有较好的声誉。Palmrose（1988）比较分析了 1960—1985 年间会计师事务所涉及的法律诉讼记录，发现"八大"一组显著地比对比组在涉及法律诉讼案件方面有更良好的记录，该研究认为"八大"具有良好的声誉，能提供高质量审计服务。Teoh & Wong（1993）采用了更直接的方法，他们认为投资者对非预期盈余的反映依赖于其对感知的盈余可信度，研究结果发现，与"非八大"相比，"八大"审计的客户具有更高的盈余反应系数，该研究为"八大"的可感知审计质量显著高于"非八大"提供了进一步的直接证据。

其次，在实际监督力量方面，Becker（1998）发现，"八大"审计的财务报告的可操控性应计项目显著地小于"非八大"审计的财务报告，其幅度接近总资产的 1.5% ~ 2%，说明"八大"具有更高的监督力。Francis（1999）认为，"六大"审计的客户虽然总应计金额显著高于"非六大"的客户，但其可操控应计金额却显著低于"非六大"客户，这说明"六大"在限制客户的机会主义盈余管理方面的约束力较强。Krishnan（2003）的研究表明，"六大"审计的客户的可操控应计项目在对未来盈余和未来现金流方面的预测能力显著高于"非六大"的客户，说明"六大"客户的信息质量显著高于"非六大"，为证明"六大"的监督能力进一步提供了证据。

2）国内关于审计质量衡量的经验研究

在我国，现有的研究主要是通过事务所出具非标准无保留意见的倾向、客户的盈利反应系数和被审计财务报告的盈余管理程度（操控性应计项目）来衡量审计质量。我国现有研究中的三种衡量方法基本涵盖了可感知的审计质量和实际的监督力量两方面。

在可感知的审计质量方面，李树华（2000）以第一批《独立审计准则》颁布实施前后的 1993—1996 年间的上市公司为样本，发现"十大"事务所（包括 2 家国际合作所）在出具非标审计意见的倾向上显著高于其他事务所，为"十大"事务所的审计质量高于"非十大"提供了证据。夏立军（2002）以 2000 年的上市公司为样本，以审计意见衡量审计质量，发现"十大"会计师事务所在出具非标审计意见方面的倾向与"非十大"没有显著的差异。原红旗、李海建（2003）以 2001 年沪市上市公司为样本，以审计意见衡量审计质量，发现不同组织形式和规模的事务所并不存在显著差异。李爽、吴溪（2003）考察了 B 股市场的审计意见与事务所品牌之间的关系，发现国际"五大"发表非标意见的倾向与"非五大"没有显著的差异，也未发现补充审计对法定审计的独立性起到显著的促进作用。张奇峰（2005）以 2001—2003 年的上市公司为样本，用 ERC 衡量审计质量，发现首次获得 IPO 专项复核资格的事务所和国内"十大"事务所审计的客户盈利的可信度与其他事务所没有显著差异，而国际"四大"审计的客户盈利具有更高的可信性。

在审计师的监督能力方面，漆江娜（2004）以 2002 年 A 股上市公司为样本，以可操控应计项目衡量审计质量，发现国际"五大"审计的财务报告在可操控性应计项目上显著地低于"非五大"，说明"五大"具有较高的监督力。刘峰、周福源（2005）以 1999—2001 年 A 股上市公司为样本，同样用可操控应计项目衡量审计质量，没有发现国际"五大"的审计报告与国际"非五大"

的审计报告在可操控性应计项目方面具有显著的差异。这与漆江娜（2004）的研究结论正好相反。而蔡春等（2005）以 2002 年沪市制造业 343 家上市公司为样本，发现"十大"事务所审计的财务报告的可操控性应计项目显著地低于"非十大"审计的财务报告。

由上述经验研究的结果可以看出，在我国目前的市场结构下，两类衡量方法对于不同事务所的审计质量仍然缺乏一致性的结论。

3）评析

上述国内外的研究综合表明，关于审计质量存在多种衡量方法，可以根据审计质量的特征以及这些衡量方法归纳为两大类：以审计声誉为代表的市场感知的审计质量和以会计信息质量衡量的审计师的实际监督力量。国外的研究中，以两类方法衡量事务所的审计质量均得到了一致性的结论，认为"四大"的审计质量普遍高于"非四大"。而国内的研究中，无论是以市场感知的审计质量变量衡量事务所的质量，还是以审计师的监督力量衡量事务所的质量，均未得到一致性的结论。笔者认为，结论的不一致可能是源于样本期间的差异。因为两类衡量方法下，以 2001 年之前的上市公司为样本的研究基本表明我国各事务所的审计质量不存在系统性差异，而以 2002 年之后的上市公司为样本的研究基本表明"四大"的审计质量显著要高于其他事务所。

从我国目前的研究现状来看，国内关于事务所质量的衡量存在一定的缺陷。首先，在以市场感知的审计质量变量方面，我国普遍使用审计意见衡量事务所的质量。由于该类衡量方法隐含的一个前提是，包括审计声誉在内的所有变量对同一事务所的所有客户都是一样的，即面对不同的客户，事务所会付出同样的努力水平。例如，研究者普遍使用审计师发表的审计意见作为审计质量的替代变量，其隐含的前提是标准无保留意见对所有公司具有相同的重要性，事务所发表非标审计意见时受到的压力相同，这个前提在多数条件下是不成立的。因此，以审计意见衡量事务所的审计质量存在

"一刀切"之嫌。其次，以审计师的实际监督力量衡量事务所质量时，我国的研究盲目地沿袭国外，以操控性应计项目衡量审计质量，存在如下问题：（1）在我国，操控性应计项目对企业真实经济状况的反映有待验证；（2）操控性应计项目是否能够度量我国的盈余管理存在很大的争议，因为我国盈余管理更多的是使用资产重组等关联交易方式（沈振宇，2004），因此用操控性应计项目可能会低估我国企业的盈余管理程度。

由于我国目前关于事务所的审计质量是否存在系统性差异缺乏一致性的结论，因此研究企业选择事务所的动机之前，有必要首先界定不同事务所的审计质量。在关于事务所审计质量的两类衡量方法中，由于审计师的监督力量代表了审计师最小化企业呈报的经济交易、事项与真实的经济交易、事项之间差距的能力，反映了事务所的实际胜任能力和实质上的独立，事务所对不同的客户监督力量可以不一致，因此，笔者认为该类衡量方法更能反映事务所的审计质量。在后面的实证检验部分，本书将在该类衡量方法的基础上构造新的代理变量，检验事务所之间审计质量的差异。

3.4.2 会计师事务所选择的经验文献回顾及评析

1）国外关于会计师事务所选择的研究

独立审计的经济价值在于能够降低企业的代理成本，缓解利益相关者之间的信息不对称。大多数研究事务所选择的文献都围绕着客户风险策略和代理成本动机来展开的（Titman & Trueman，1986；Francis& Wilson，1988；Dater 等，1991；Feltham 等，1991；Defond，1992；Clarkson& Simunic，1994）。这两种动机分别是针对逆向选择风险和道德风险的，在客户风险策略动机下，选择高质量的事务所可以充当信号甄别机制，使市场达到分离的均衡，避免"柠檬市场"的出现；在代理冲突动机下，高质量的审计服务可以充分发挥其监督功能，降低内部人的道德风险，缓解企业的代理冲突，进而降低代理成本。本书第二章的分析认为，目前我国独立审计的功能在于信号甄别功能和监督功能，因此，本书将着重回顾与客户风险策略动机、代理冲突动机与事务所选择相关的文献。

企业选择高质量事务所的动机之一就是缓解企业的代理冲突，降低企业的代理成本。因为在任何存在代理关系的环境中，委托人（股东）与代理人（管理当局）之间的信息不对称可能会导致道德风险问题，代理人可能会牺牲委托人的利益，来追求自身利益最大化（Jensen & Meckling，1976；Watts & Zimmerman，1983）。代理理论认为，委托人和代理人会认识到道德风险的存在，他们会为了各自的利益而进行制度安排，一致化他们的利益，雇用外部独立审计就是制度安排之一。通过安排第三方的监督来提高代理人呈报的财务报表的真实性，能够降低信息的不对称性。因此，内部人与相关利益人之间的代理冲突越大，代理成本越高，企业越有可能选择高质量的事务所（Chow，1982；Palmrose，1984；Francis &Wilson，1988；Defond，1992；Craswell，1995）。

在美国，上市公司的代理冲突主要有两种：（1）股东与管理层之间的冲突；（2）债权人与管理层之间的冲突。因此，以美国公司为样本的研究通常以公司规模与管理层持股比例代表股东与管理层之间的代理冲突，用财务杠杆代表债权人与管理层之间的代理冲突，同时控制住公司发行债券时对独立审计的信号需求，检验事务所选择与上述变量之间的关系。

Chow（1982）以美国 1926 年（自愿审计时期）在 NYSE 上市的 165 家 OTC 为样本，以公司规模作为企业的整体代理冲突，管理层持股比例作为股东与管理层之间的代理冲突，以负债比例和以会计数字为基础的债务契约的数量作为债权人与管理层之间的代理冲突，研究了代理冲突与事务所选择之间的关系。研究结果表明，债权人与管理层之间的代理冲突越大，企业选择外部审计的可能性就越大，公司规模与是否选择事务所微弱正相关。总体结果基本支持代理冲突是企业选择事务所的动机之一。

Palmrose（1984）研究了存在代理冲突的环境下，客户特征与事务所类型之间的关系，发现只有客户规模与事务所选择的策略具有显著关系，并未发现其他代表代理冲突的变量与事务所类型之间具有显著相关性。但是，这并不能否认代理冲突作为企业选择事务所的动机，因为他所选取的276家样本公司中只有39家为"非八大"的客户，由于样本中事务所类型分布的不均衡，大大降低了结果的可靠性。

Francis & Wilson（1988）以1978—1985年发生事务所变更的676家公司为样本，分别以审计声誉（虚拟变量）和事务所规模（连续变量）为审计质量的代理变量，以管理层持股比例和第一大股东持股比例作为管理层与股东之间代理冲突的代理变量，以长期负债的比例和以会计数字为基础的债务契约的个数作为债权人与管理层之间代理冲突的代理变量，检验了代理成本与事务所选择之间的关系。他们的研究结果表明，当以是否是"八大"的虚拟变量作为审计质量的代理变量时，审计声誉与代理成本之间的变化呈正相关关系，当以事务所规模作为审计质量的代理变量时，上述关系并未得到验证。

Defond（1992）选择了审计质量的五个代理变量，研究代理成本的变化与审计质量需求之间的关系，结果表明，四个代理变量与代理成本存在显著相关性。

Lennox（2005）以英国2000年的540家非上市公司为样本，研究了管理层持股比例与事务所选择之间的关系，以检验代理问题是否是企业选择事务所的动机。研究结果发现，管理层持股与审计质量需求之间呈非线性关系。在管理层持股比例较高和较低的区域，管理层持股比例与审计质量需求负相关，支持了利益分歧效应；在中间区域，管理层持股比例与审计质量需求的关系比较平缓，且轻微正相关，支持了壕沟效应，说明在这一区间壕沟效应完全抵消了利益冲突效应。总之，他的研究结果为外部审计在非上市公司中的监督角色提供了经验证据，同时也说明代理冲突是企业选择高质量事务所的动机之一。

Fan & Wong（2006）以 1994—1996 年间东亚股权高度集中的 7 个国家的上市公司为样本，用控股股东现金流权与投票权之间的差额代表大股东与中小股东之间的代理冲突，研究了独立审计在投资者保护中的作用。研究结果表明，代理冲突越大的公司越倾向于选择国际"五大"，并且也支付了更高的审计费用，这一结果为转型经济中企业选择事务所的动机提供了证据。

总之，上述研究综合表明，无论在成熟的资本市场上还是东亚的转型经济中，代理冲突严重的企业更倾向于选择高质量的事务所，表明降低代理成本是企业选择高质量事务所的动机之一。

逆向选择通常发生在信息不确定的情况下（Akerlof，1970），当投资者利用会计报表信息对有价证券定价时，高质量事务所可以充当信号鉴别机制，帮助投资者分辨会计报表信息的可靠性，此即审计需求的信息假说。相关的研究主要以审计声誉作为审计质量的代理变量，研究在具有高度信息不对称的 IPO 市场中，事务所声誉是如何发挥其信号作用的。

关于审计声誉的信号作用的分析性研究导致了竞争性的假说。一种假说以 Titman & Trueman（1986）为代表，认为高风险客户对高质量审计的需求较小，企业面临的风险越大，选择高质量事务所的可能性越小，以避免泄露利差消息。因为高质量的事务所能够有效提高财务呈报信息的准确性，使投资者准确估计企业的市场价值，因此高风险企业为了避免被揭露利差消息，防止股价下跌，选择高质量事务所的概率较小。

以 Dater（1991）为代表的研究提供了与 Titman & Trueman 相反的竞争性假说，认为高风险的客户对选择高质量事务所的可能性较大。Dater（1991）的研究指出，企业家为了避免股票被市场低估，通常采取两种信号向市场传递私有信息的可信度，即审计质量和留存股权比例，并且将其模型建立在以下预期上：企业家是规避风险的，偏好将企业的特有信息转嫁给外部投资者，但是他们会保留一部分股份以向市场传递信号，说明私有信息是可靠的（Leland & Pyle，1977），且保留的股份比例与私有信息的可靠性呈正比，保留的股份比例越高，私有信息的可靠性越高。但是，规避风险的企业家为了分散自身持有股份的风险，会通过选择高质量的事务所来提高投资者对企业的预期价值。然而，作为一个理性的经济人，企业家会权衡随企业特定风险增加所带来的边际留存股权成本与雇用外部审计的边际审计质量成本，因此审计质量的价值随企业特定风险的增加而增加。最终得出结论，客户风险与审计质量需求呈正比，高风险客户选择高质量事务所的可能性较大。

虽然 Menon & Williams（1991）的研究表明，发生事务所变更的 IPO 公司倾向于由小所变更为大所，支持了 Dater（1991）的结论，但是其他以美国数据为样本的经验研究并未支持 Dater（1991）的模型（Simunic & Stein，1987；Beaty，1986；Feltham 等，1991；Clarkson & Simunic，1994）。Beatty（1986）以美国 1975—1984 年间的 IPO 公司为样本的研究发现，规模大、声誉较高的事务所倾向于选择规模较大但风险较小的公司；Feltham 等（1991）选择了三个不同的指标作为企业特定风险的代理变量，通过研究审计质量与 IPO 溢折价之间的关系，来验证 Dater（1991）需求方的预测，但仅有一个风险指标与其预测一致，且证据微弱，其他两个风险指标的结果均与其相反。Feltham 等将证据的微弱归因为不同质量的事务所审计成本的差异。因为 Simunic & Stein（1987）的研究表明，随着客户风险的增加，高声誉事务所的边际成本增加大于低声誉事务所，高声誉事务所较大的增量成本抑制了对其的需求。

Clarkson & Simunic（1994）认为由于诉讼风险，审计成本可能会随客户风险的增加而增加，如果这种效应足够大，则 Dater

（1991）的预测将可能得到经验验证。他们以加拿大 IPO 公司为样本，检验了在诉讼风险相对较小的环境中 Dater（1991）的预测是否成立，研究结果支持了这个结论，风险大的公司雇用高质量（高声誉）事务所的可能性显著较高，并且企业留存的股权比例显著较低；Clarkson & Simunic 同时采用美国的数据进行检验，但并未得到上述结果，因此得出以下结论：审计质量需求与客户风险之间的关系取决于供给方因素（审计成本）和需求方因素（留存股权的成本）的交互作用。Lee 等（2003）以诉讼成本较低的澳大利亚 IPO 公司为样本，得到了与 Clarkson & Simunic 相一致的结论。

总之，这些研究表明企业有动机通过高质量（声誉较高）事务所向市场传递信号，表明其供给的信息质量较高。然而，高声誉事务所较高的收费，尤其是对风险较大的客户，可能会抵消企业对事务所的需求与其信号作用。因此，虽然高风险的客户可能对高声誉的事务所需求较大，但这可能是权衡选择高声誉事务所所带来的边际收益和边际成本的结果。Hogan（1997）的研究对此提供了支持性的经验证据，她研究了 IPO 企业选择"六大"时对增量成本（较高的审计收费）和收益（较低的发行折价率）的权衡，研究结果表明企业对事务所的选择是权衡二者的共同影响的结果。此外，Willenborg（1999）、Mayhew 等（2002）和 Lee 等（2003）的研究共同表明，Dater（1991）的结论"并不能足以反映 IPO 公司选择事务所时面临的潜在因素的复杂性"，其他的因素诸如 IPO 发行规模、承销商的声誉以及自愿会计信息披露的程度都会影响企业对事务所的选择。

2）国内关于会计师事务所选择的研究

国内目前关于上市公司选择事务所的研究比较少，并且相关的研究均未从独立审计在证券市场的基本经济价值出发，未考虑我国转型经济中上市公司特有的特征。

李树华（2000）以1994—1996年我国的上市公司为样本，以事务所出具非标意见的比例作为审计质量的代理变量，研究了事务所的独立性与审计服务供求的关系。研究结果发现，"十大"事务所出具非标审计意见的比例显著高于"非十大"，并且独立审计准则的颁布实施提高了事务所的审计质量（表现为非标审计意见比例的上升），但是"十大"事务所的市场份额却显著下降，并将其归因于我国证券市场缺乏对高质量审计的需求。同时，其研究结果还表明，公司选择"十大"事务所（包括2家国际合作所）的决策与外资股比例及公司规模显著正相关。这一结果实质上间接地为独立审计的信号作用和监督作用提供了经验证据。发行外资股的企业为了使自身与其他企业区分开来，有动机通过选择高质量的事务所达到信号显示的目的。

李爽、吴溪（2002）用1999年上市公司作为样本研究了事务所变更的影响因素，发现事务所的异地特征、非标审计意见、控股股东与管理当局变更以及财务困境对事务所变更有显著的影响。这一研究也从侧面为独立审计的监督和信号作用提供了间接的证据。

然而，李树华（2000）和李爽、吴溪（2002）的研究样本仅局限于我国早期的证券审计市场，从前面的制度分析可以知道，近几年我国证券市场以及审计市场均发生了很大的变化，市场对审计质量的需求可能已经发生了变化，尤其是审计市场分割的状况已经被打破，公司选择事务所的动机可能更加理性。

朱红军、夏立军和陈信元（2004）以2001—2004年的IPO公司为研究样本，以事务所出具非标审计意见的比例作为审计质量的代理变量，研究了事务所特征与其IPO市场份额之间的关系。研究结果表明，事务所在IPO审计市场的份额与事务所出具非标审计意见的比例负相关，与是否首次获得IPO专项复核资格的事务所显著正相关，与是否为本地所以及事务所规模显著正相关，与事务所是否受到过行政处罚负相关，并认为我国企业在 IPO 时有规避高质量事务所的迹象，企业选择事务所的动机来自于管制便利和地缘关系。但是，朱红军等（2004）的研究存在以下缺陷：（1）以事务所出具的非标审计意见比例来衡量审计质量存在一定的偏误；（2）以客户个数衡量的事务所市场份额具有片面性。国际"四大"以客户总资产和业务收入衡量的市场份额是其按客户个数计算的市场份额的近 3 倍，因此，以这种方法来衡量事务所的竞争优势使其在考察审计市场需求特征时可能会出现一定的偏差；（3）在模型设定方面，因变量为事务所特征变量，自变量中同时包括事务所特征变量和客户特征变量，使模型可能存在内生性问题，进而影响结果的可靠性；（4）上市公司和 IPO 公司选择事务所的动机可能存在差异，本书仅考察了 IPO 审计市场，未考察上市公司年报审计市场，因此结果不能反映审计市场需求特征的全貌。

孙铮、曹宇（2004）以 2001 年中国沪、深两市上市公司为样本，研究了股权结构与审计市场之间的关系，为企业选择高质量事务所的动机提供了初步的证据。其研究结果表明：国有股、法人股及境内个人股股东促进上市公司选择高质量事务所的动力较小；境外法人股及境外个人股股东为了维护自身的利益会很积极地对上市公司进行监督，有动机促使上市公司管理人员去选择高质量的事务所。

曾颖、叶康涛（2005）以中国 A 股 2001 年和 2002 年的上市公司为样本，研究了股权结构、代理成本与外部审计需求之间的关系，结果表明第一大股东持股比例与企业价值呈 U 型曲线关系，而与外部审计需求呈倒 U 型曲线关系，说明代理成本较高的上市公司更有可能聘请高质量的事务所，以降低代理成本，提高公司市场价值。该研究为独立审计的监督功能提供了直接的证据。但是，他们忽略了中国上市公司中政府管制在其中的作用，仅考虑了大股东与中小股东之间的代理冲突。

王艳艳、陈汉文和于李胜（2005）以中国 A 股 2001—2004 的上市公司为样本，以股权集中度代表大股东与中小股东之间的代理冲突，以管理费用率代表管理层与股东之间的代理冲突，研究了代理冲突与审计需求之间的关系以及企业选择高质量事务所的经济后果。研究结果表明，我国对高质量审计的需求与企业的股权集中度之间呈正相关关系，且随股权集中度的提高，审计质量需求增加会加剧，支持了审计需求的壕沟效应，同时选择高质量事务所的企业盈余管理的程度显著较低，盈余的信息含量显著较高。这一结果说明代理冲突严重的企业有动机选择高质量审计，向市场传递信号，以吸引潜在的投资者，同时市场也能够识别企业的选择行为，并对此作出积极反应，高质量审计能够提高盈余的信息含量，降低代理成本。

3）评析

从以上关于国内外的研究可以看出，以国外审计市场为样本的研究，普遍围绕外部审计的信息功能和监督功能展开，研究企业选择事务所的动机是出于降低代理冲突还是信号显示动机。在自愿审计阶段，主要是研究企业的代理冲突与是否选择独立审计之间的关系；当独立审计被法律规定为法定审计后，在强制审计阶段，主要是研究代理冲突或客户风险与选择高质量事务所之间的关系。研究结果基本支持了企业为了降低代理冲突而选择高质量事务所的动机，即企业的代理冲突越严重，企业选择高质量事务所的可能性越大。

然而，国内关于企业选择事务所的研究比较有限，缺乏系统性，未从独立审计的功能出发，并且研究结论缺乏一致性，主要原因可以归纳为以下几方面：（1）研究样本期间不同，以早期的证券审计市场为样本的研究普遍表明，企业缺乏选择高质量事务所的动机，而 2000 年之后，我国证券审计市场已经发生了根本性的变革，所以早期的研究不能说明目前上市公司选择事务所的动机；

(2) 关于高质量的事务所界定存在差异，有的以事务所规模衡量审计质量，有的以出具非标审计意见作为审计质量的代理变量；(3) 以 IPO 审计市场为样本的研究不能代表上市公司选择事务所的动机。

虽然曾颖、叶康涛（2005）及王艳艳、陈汉文和于李胜（2005）研究了代理冲突对企业选择事务所行为的影响，但是都存在片面性。因为在我国的转型经济中，政府对企业的管制作用不能忽视，企业当中存在三种主要的代理冲突：（1）政府干预引发的政府与上市公司之间的代理冲突；（2）大股东与中小股东之间的代理冲突；（3）管理层与股东之间的代理冲突。总体来说，这些研究没有全面考虑企业中存在的代理问题，尤其是政府对公司选择事务所行为的影响。政府是如何影响上市公司选择事务所的？地方政府和中央政府的干预是否相同？在政府的干预下，我国上市公司选择独立审计的动机是否能用传统的审计需求理论来解释？企业能否通过事务所选择行为降低资本成本？本书在后面的实证检验部分将试图克服现有研究不足，从上市公司面临的现实约束条件（政府干预、内部人控制和管理层控制）出发，研究它们对企业选择事务所选择行为的影响，以及企业这种选择行为的经济后果，为我国公司选择事务所的动机和独立审计的经济价值提供证据。

3.5 本章小结

综合本章的制度背景、文献回顾和第三章的理论分析可以发现，独立审计的产生首先源于市场的自发需求，但由于市场机制存在市场失灵，从而使审计与政府管制具有了天然的联系。本章中我们用发展的观点描绘了我国审计市场中审计服务供给、需求的潜在变化，以及政府在提高审计质量中的双重角色，并分析了国内外现有的相关研究，试图找出差距，分析不足，以进一步深化现有的研究。

到目前为止，审计市场中的供需双方均发生了巨大的变化。在审计服务的供给方，从描述性统计的结果可以看出，市场已逐步形成了以国际"四大"、国内"十大"等事务所为主体的市场结构，并且呈稳态发展。然而，从相关的文献回顾发现，理论界关于我国现有市场结构下各事务所审计质量的差异却众说纷纭，缺乏像美国成熟市场一样一致性的结论。那么，在现有的市场中，我国的各事务所的审计质量是否存在显著差异？这是我们必须首先回答的问题。

在审计服务的需求方面，近几年，随着我国经济体制改革的深入，政府职能的逐步转变以及企业私有化改革的兴起，审计质量需求的外部制度诱因如新股发行及定价制度的改革、公司治理结构的逐步完善、投资者主体的日趋多元化等，都可能导致市场对审计需求的变化。同时，我国又是一个转型经济国家，政府和企业有着天然的联系，在政府同时是上市公司的最终控制人，同时又是事务所的监管机构的情况下，我国的上市公司会如何选择事务所，其选择事务所的动机是什么？综合第二章的理论分析和我国的特殊制度背景，企业选择事务所的动机既非完全是为了迎合政府的监管，也非完全能用审计需求的代理理论和信息理论解释。那么到底是一种什么样的动机呢？

国外关于企业选择事务所的动机已经有了系统的研究，而国内目前的研究仍然比较零乱，且都存在片面性。因为在我国的转型经济中，考虑到政府对事务所和上市公司的干预，研究我国上市公司的行为动机问题必须考虑以下三种因素：（1）政府干预的影响；（2）大股东控制的影响；（3）管理层内部人控制的影响。但现有的研究均忽视了政府的角色，尤其是地方政府和中央政府对企业微观行为的不同影响。政府是如何影响上市公司选择事务所的？地方政府和中央政府的干预是否相同？在政府的干预下，企业的所有者选择会计师事务所的动机是什么？企业的会计师事务所选择行为存在什么样的经济后果？

本书以下部分将致力于对上述问题进行检验，并在本书的理论框架内予以解释。

4 审计质量与会计信息 透明度：质量差异化

不同事务所审计质量是否存在系统性差异，是研究企业选择事务所动机的前提。现有的研究中关于审计质量的衡量可以分为两类：审计师自身的监督力量视角和投资者的认可程度视角。本章在前面理论分析与文献回顾的基础上，从审计师的实际监督力量角度研究我国不同事务所的审计质量是否存在差异，以会计信息透明度衡量审计质量，对不同类型事务所之间的审计质量差异化进行全面、系统的分析和实证检验。

4.1 理论分析及假说发展

4.1.1 会计信息透明度及其衡量指标选择

会计信息透明度是企业透明度的组成部分之一（Bushman & Smith，2004），提高会计信息透明度的目的是为了提高企业透明度，降低资本市场上信息风险，进而减少资本市场的"逆向选择"行为，使企业降低资本成本。而目前关于会计信息透明度尚无一个明确和一致的定义。在巴塞尔银行监管委员会于1998年9月发布的"增强银行透明度"研究报告中，将透明度定义为"公开披露可靠与及时的信息，有助于信息使用者准确评价一家银行的财务状况和业绩、经营活动、风险分布及风险管理实务"。按照该定义，高透明度的会计信息意味着投资者能够"透过现象看本质"，即投资者能够通过企业所提供的会计信息以准确了解企业的财务状况、经营成果及风险程度等，也即增强盈余的价值相关性。Bhattacharya，Daouk & Welker（2003）将收益不透明度定义为"呈报的会计盈余不能提供企业真实经济收益信息的程度"，并指出收益的不透明将降低盈余的信息含量。魏明海、刘峰等（2001）认为，会计透明度是一个同时涵盖了会计信息质量标准及其实现方式的全面、综合的概念。基于上述概念，我们将会计信息透明度定义为：企业的会计盈余对真实经济盈余的反映程度或投资者通过企业的会计信息看穿企业行为的程度，高度透明的会计信息应该具有较高的信息含量，能够降低投资者的信息成本。

关于会计信息透明度的衡量指标方面，目前尚缺乏一套统一的计量标准。Bhattacharya，Daouk & Welker（2003）以盈余激进度、损失规避度和盈余平滑度作为收益不透明度的衡量指标，研究了34个国家的收益不透明度及其对资本成本和市场流动性的影响。其中，盈余激进度以总应计进行衡量，代表管理当局盈余操纵的空间。Bushman & Smith（2004）的研究指出，会计信息透明度的衡量指标应该涵盖财务报告呈报的频率、信息的及时性和其被财务分析师及其他中介机构传播和解释的程度。我国目前关于企业透明度和会计透明度的定量研究较少。崔学刚（2004）以企业自愿披露的数量作为企业透明度的代理变量，研究了公司治理机制对企业透明度的影响；杨之曙、彭倩（2004）在Bhattacharya，Daouk &Welker（2003）研究的基础上，以收益激进度和收益平滑度作为收益透明度的衡量指标，对我国2000年12月31日前在沪深两市上市的公司从1994年到2002年的收益透明度变化趋势进行了系统分析。

通过上述回顾可以看出，会计信息透明度主要受到披露数量和披露质量两方面的影响，披露的质量因素要考虑会计信息质量的相关性和可靠性。我们认为质量因素对透明度的贡献更大，因此，在衡量会计信息透明度时，我们以稳健性、及时性和收益激进度作为信息透明度的代理变量。

关于稳健性的定义，Bliss（1924）认为稳健性就是不预计收益，只预计损失。Basu（1997）认为，会计人员倾向于确认损失的程度大于确认收入的程度，这就是稳健性。关于及时性的定义，通常是指企业当期按一般公认会计原则（GAAP）提供的会计盈余对企业当期经济收益的反映程度，或会计盈余的价值相关性。我们选择稳健性和及时性衡量会计信息的透明度是因为企业不同的利益相关者从自身的利益出发，均要求企业及时确认损失，推迟确认收益，并将坏消息作为价值相关性较高的信息，稳健性的存在是为了降低信息的不对称性（Ball，Kothari & Robin，2000）。首先，表现在债务契约上，债权人为了使企业向股东少分发股利，会要求企业及时确认损失；其次，表现在薪酬契约上，由于薪酬契约的基础是会计盈余，管理当局通常存在报告盈余而抑制呈报损失的动机，股东为了避免向管理当局发放过多的薪酬，会严格要求确认收益，要求及时确认损失；最后，表现在公司治理上，为了提高企业的透明度，更好地监督管理当局，股东需要关于坏消息的及时信号，以表明管理当局在投资决策方面的失误。因此，稳健性和及时性较高的会计信息通常被认为是透明度较高的信息。

及时性表明会计盈余对企业当期经济收益的反映程度，或价值相关性，而稳健性表示企业会计信息系统对好消息和坏消息的不同反映倾向（Basu，1997）。由于稳健性反映了不同企业对经济利得和经济损失的不同倾向，而及时性反映了会计盈余对经济收益的反应速度或价值相关性，因此会计盈余的及时性和稳健性通常被结合起来衡量企业会计信息的透明度（Ball，Kothari & Robin，2000；Francis，Lafond，Olsson & Schipper，2003）。

盈余激进度是与稳健性相对的一个概念，指企业延缓确认损失而加快确认收入的倾向。应计会计为管理当局通过应计项目调节盈余提供了空间。在一般情况下，管理当局通常存在高估盈余的动机，因此收益激进度通常被用来衡量管理当局操纵盈余的动机与程度，较高的收益激进度通常会导致会计信息的不透明（Bhattacharya，Daouk & Welker，2003）。在以稳健性衡量会计信息透明度的同时，选择盈余激进度作为衡量指标之一是因为通常对于稳健性的衡量主要是利用模型进行回归分析，通过判断坏消息是否及时反映或负的应计项目是否及时转回来实现，而盈余激进度主要通过可操控性应计衡量，更直接地反映了会计信息透明度，Bhattacharya，Daouk & Welker（2003）以盈余激进度作为会计信息透明度的一个纬度。在我国，企业为了增发、配股，普遍存在调高盈余的动机，陈汉文、郑鑫成（2004）的研究表明，中国上市公司大多通过操纵应计项目进行了正的盈余管理，而且证券市场对可操控应计做出了价格反应。因此，从盈余激进度的角度衡量会计信息的透明度更能反映我国的现实。

4.1.2 审计质量与会计信息透明度

审计质量和会计信息透明度之间的关系可由图 4-1 来表示，审计需求的信息假说为此提供了理论依据。在这种假说下，审计的功能在于提高财务报表信息的质量，降低资本市场中的信息风险，减少资本市场中的逆向选择行为，进而优化资源配置，最终降低企业的融资成本，此即审计的信息功能（information role）。

关于审计质量与会计信息质量之间的关系，现有的研究大都集中在两方面：一是集中在审计质量与应计项目之间的关系上；其次是集中在审计质量差异与稳健性方面。在审计质量与应计项目之间的关系上，Francis（1999）、Becker（1998）和 Reynolds &Francis（2000）等人的研究结果一致表明，"六大"的客户可操控应计项目显著低于"非六大"的客户。在审计质量差异与稳健性方面，

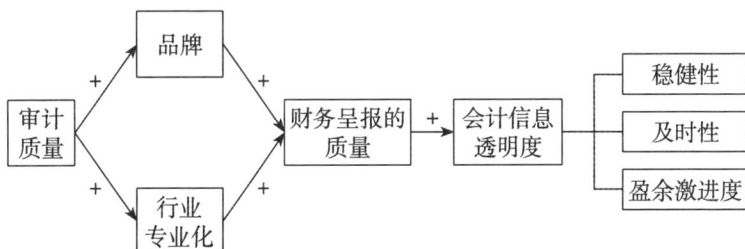

图 4-1 审计质量与会计信息透明度之间的关系图

目前的研究结论主要综合表明"六大"比"非六大"更保守（Francis & Krishnan，1999；Basu，Hwang & Jan，2001；Lee & Taylor，2002）。上述两方面的研究为审计质量差异对企业盈余品质的影响提供了证据。然而，这些研究没有将审计质量和会计信息的及时性和激进度联系起来，本书将会在这些方面作出进一步的研究。

我国目前关于审计质量是否存在系统性差异的研究尚不充分，且缺乏一致性的结论。一部分学者的研究表明："四大"或"十大"的质量并不比其他事务所高。例如，夏立军（2002）以 2000 年上市公司为样本，发现"十大"出具的非标意见的倾向与"非十大"无显著差异；原红旗、李海健（2003）以 2001 年沪市上市公司为样本，发现事务所的组织形式和规模对审计意见没有显著影响；李爽、吴溪（2002）利用 1994—2001 年证监会的处罚公告的资料研究表明，事务所规模对审计质量区分度不大；卢文彬（2003）以 1999—2001 年的数据检验了审计质量差异对会计信息稳健性的影响，研究结果未发现"五大"与"非五大"或"十大"与"非十大"审计的上市公司稳健性存在差异；刘峰、周福源（2005）以 1999—2001 年 A 股上市公司为样本，没有发现国际"五大"审计的财务报告与"非五大"审计的财务报告在操纵性应计项目方面具有显著的差异。然而，又有研究表明，在我国，"四大"确实提供了较高质量的审计。如蔡春等（2005）利用2002年沪市制造业343家上市公司为样本，发现"十大"审计的企业的操控性应计项目显著低于"非十大"；漆江娜（2004）用2002年A股上市公司为样本，发现经国际"五大"审计的财务报告具有更低的操控性应计项目；张奇峰（2005）利用2001—2003年上市公司的数据研究表明，"四大"的审计质量显著高于"非四大"。

我们可以发现，利用2001年前的数据所进行的研究，大都认为"四大"与"非四大"之间的审计质量无差异；而利用2001年以后的数据的研究表明，"四大"的审计质量显著高于其他事务所。其原因可能在于：（1）2001年以前，"四大"在国内市场占有的份额较少（1999年为26家，2000年为42家，2001年上升至107家），此后随着审计市场逐步对外开放，"四大"在国内的市场份额逐步扩大，因此，2001年之前的研究结果可能是有偏的；（2）2001年以后，随着我国审计市场脱钩改制，推动事务所合并的一系列政策实施后，证券审计市场的逆向选择现象有所扭转，优良的企业愿意选择高质量的审计，这为高质量审计的发展提供了动力；（3）2001年"安然事件"爆发后，在各国监管层和投资者的舆论下，"四大"也采取了各种措施来提高审计质量。

可以看出，目前国内的研究存在两个问题：（1）数据落后，大多的研究是利用2001年以前的数据；（2）研究主要集中在审计质量对盈余管理的影响，未涉及更深层次的问题——审计质量与会计信息透明度之间的关系。① 事实上，审计信息功能的实现，主要体现在对会计信息质量的影响上。

我们认为，在我国，稳健性原则作为会计原则的一种惯例，会

---

① 卢文彬（2003）的研究考察了审计质量与会计信息稳健性的关系，但由于其所使用的数据为2001年前的数据，故未得出有价值的结论。

计管制机构和证券市场监管部门比较关注（卢文彬，2003）。所以从事务所的角度看，为防止处罚风险和诉讼风险，它们会尽量保证企业会计信息的稳健性。然而，由于受到审计市场激烈竞争的影响，一些中小事务所会向企业妥协，降低审计质量，以获得审计业务。基于此，我们提出如下假说：

假说1：在其他条件相同的情况下，审计质量与会计信息稳健性正相关。

Bushman（2003）认为，及时性代表了企业以交易为基础的会计信息系统在及时反映价值相关信息方面的固有局限性，并且会计信息系统的价值在于其呈报信息的及时性，由于管理当局和股东之间存在信息不对称，股东不能及时了解企业信息，因此他们有动机通过外部监督机制来降低其与管理当局在信息方面的差距。受股东委托的独立第三方职责在于降低二者之间的信息差距，因此，其会在改善会计信息及时性方面作出努力。Bushman（2003）以具有声誉的外部董事作为监督机制的代理变量检验了及时性与对外部监督需求之间的关系，其研究结果表明，及时性与对高质量的外部监督需求之间负相关，企业会计信息的及时性越低，对高质量的外部监督需求越高。与 Bushman（2003）研究结论不同的是，我们关注的是监督的效果，这些高质量的监督机制是否能够有效改善企业会计信息的及时性？我们认为，审计作为企业治理机制中的外部监督机制，其作用在于监督企业提供的会计信息。审计对会计信息的监控功能不仅表现在其对信息披露结果的监督方面，也表现在其对信息生产过程的约束方面。因此，审计可以通过有效地发挥其监控职能，提高企业呈报的会计信息的及时性，进而实现其在资本市场中的角色。基于此，我们发展如下假说：

假说2：在其他条件相同的情况下，审计质量与会计信息及时性正相关。

与稳健性正好相反，盈余激进度代表的是企业调高盈余的倾向。卢文彬（2003）在研究我国会计制度改革对稳健性的影响时发现：1993—1998 年我国上市公司会计信息不具有稳健性，在1999—2001 年，上市公司会计信息具有显著的稳健性，并将其归因于实施了更为稳健的会计制度和会计师事务所的脱钩改制。虽然实施新的会计制度和审计体制改革使我国会计信息的稳健性得到了改善，但是目前关于盈余管理的研究表明，我国上市公司为了达到配股、增发的资产收益率标准，普遍存在调高盈余的动机，在我国上市公司中存在"10%现象"和"6%现象"（陈小悦等，2000），即我国目前的会计盈余较为激进。而调高盈余引致的审计失败通常更受投资者的关注（陈汉文、郑鑫成，2004），因此，为了避免审计失败、诉讼风险和处罚风险，维持事务所的声誉，我们认为，会计师会限制企业调高盈余。基于此，我们发展如下假说：

假说3：在其他条件相同的情况下，审计质量与盈余激进度负相关。

4.2 研究设计

4.2.1 样本选择及数据来源

本书数据全部来自于香港理工大学与深圳国泰安信息技术有限公司联合开发的 CSMAR 数据系统。本书选定2001—2004 年间上市公司的数据作为研究对象。第一，选择 4 年的样本期间是为了扩大样本中由"四大"审计的样本公司数，以 2001 年为起点是由于2001 年我国刚刚进行了会计制度改革；第二，考虑到金融类上市公司的特殊性，剔除了金融类公司；第三，剔除了当年的 IPO 公司；第四，剔除历年盈余的 1%分位极端值；第五，在数据收集及整理过程中，剔除数据缺失的企业，最终选定的样本公司为4 482

家（其中，2001 年 1 026 家，2002 年 1 100 家，2003 年 1 147家，2004 年 1 209 家）。

4.2.2 会计信息透明度及审计质量的衡量

1）稳健性和及时性

对于稳健性和及时性的衡量，我们按 Basu（1997），Ball, Kothari & Robin（2000）的定义，采用下列盈余变化模型来计算：

$$\Delta X_{it}/P_{it-1} = \alpha_0 + \alpha_1 D + \beta_0 \Delta X_{it-1}/P_{it-2} + \beta_1 D \cdot \Delta X_{it-1}/P_{it-2} + \varepsilon_{it} \tag{1}$$

式中：ΔX_{it} 为当期的盈余变化；P_{it-1} 和 P_{it-2} 分别为不同会计期间的股票开盘价；D 为哑变量，当 $\Delta X_{it-1}/P_{it-2} < 0$ 时，取值为 1，否则为 0；β_0 表示正应计项目在以后期间的转回倾向；$\beta_0 + \beta_1$ 表示负应计项目在以后期间的转回倾向；β_1 表示正应计项目和负应计项目在转回倾向方面的差异，通常用来衡量会计的稳健性。如果 β_1 为负值，则表示企业的会计是稳健的，损失比收益的确认更及时，因此，我们将 β_1 乘以-1，以使其数值越大，代表企业的会计盈余越稳健。

上述回归方程的 R^2 则用来衡量企业会计盈余的及时性。

选择模型（1）来计算稳健性和及时性是由于：首先，我们认为，此盈余变化模型更能反映应计制会计的本质。在应计制会计下，任何会计期间发生的应计项目，在以后的会计期间必定要"转回"（reverse），由于对收益和损失的确认存在不对称性，使得其对应的应计项目在转回倾向上也存在差异。如果及时确认了损失，则在以后期间确认损失带来的应计项目转回的倾向相对较大，即确认损失的应计更易转回。因此以 β_1 衡量会计盈余的稳健性。其次，在审计实务中，注册会计师在审计的最后阶段通常会作出调整分录，并建议客户据此进行调整，这些调整分录实质上调整的是企业的应计项目。而采用 Basu（1997）的盈余—市场回报模型（earnings-return model）计算稳健性和及时性，我们认为在我国目前的市场环境下存在较大的弊端，因为以市场回报代表经济盈余存在较大的"噪音"，而这些噪音与遗漏变量（或残差项）可能存在相关性，会造成估计偏差。因此我们基本未采用此模型，而采用上述的盈余变化模型。[①]

在研究方法上，我们仿照 Basu（1997）和 Givoly & Hayn（2000）将样本期间分类的方法[②]，将整体样本按不同的审计质量分为三类，然后以各子样本对模型（1）进行 OLS 回归，比较各回归结果的 β_1 和 R^2，进而研究不同种类审计质量对应的企业在会计稳健性及及时性方面是否存在差异。在利用模型（1）计算稳健性和及时性指标时，我们对盈余（X）和哑变量（D）分别采用了不同的指标进行回归。

2）盈余激进度的衡量

Bhattacharya，Daouk & Welker（2003）以总应计作为盈余激进度的代理变量，用来代表管理当局盈余操纵的空间。杨之曙、彭倩（2004）在收益激进度的度量方面也基本采用 Bhattacharya，Daouk & Welker（2003）的方法，以总应计作为盈余激进度的代理变量。我们认为，用总应计衡量盈余激进度存在较大的"噪音"，总应计不能完全代表管理当局盈余管理的空间，因此本书以可操控应计项目来衡量盈余激进度。

至于在操控性应计数 DA 的衡量方面，本书采用行业横截面修正后的 Jones 模型。现有的盈余管理文献发现，以行业横截面修正后的 Jones 模型比时间序列修正后的 Jones 模型效度要好（Defond & Subramanyan，1998；Bartov，2000；郑鑫成，2005）。Dechow

---

① 该模型的思想基本与盈余—回报模型一致，不同的是以盈余的变化作为区分好消息和坏消息的信号。
② Basu（1997）在研究不同诉讼风险下审计对会计稳健性的影响时，将1963—1990 的样本期间按法律环境的变化分为四个子区间，然后比较不同期间的 β_1 和 R^2，以证明稳健性是否发生变化。Givoly & Hayn（2000）以每年的上市公司为子样本，利用不同的模型计算稳健性指标，研究财务呈报是否呈现越来越稳健的趋势。

（1995）指出，正常应计数会随着产销环境变化而变化，修正后的 Jones 模型在衡量产销环境变动情形下是估计操控性应计数效果比较好的模型，因此，本书以行业横截面修正后的 Jones 模型估计出非操控性应计项目，并从其实际总应计数中扣除，其差额即为 DA，具体模型如下：

$$NDA_{it} = \alpha_1(1/A_{it-1}) + \alpha_2[(\Delta REV_{it} - \Delta REC_{it})/A_{it-1}] + \alpha_3(PPE_{it}/A_{it-1}) \quad (2)$$

$$TA_{it}/A_{it-1} = \alpha_1(1/A_{it-1}) + \alpha_2(\Delta REV_{it}/A_{it-1}) + \alpha_3(PPE_{it}/A_{it-1}) + \varepsilon_{it} \quad (3)$$

$$DA_{it} = TA_{it}/A_{it-1} - NDA_{it} \quad (4)$$

式中：TA_{it} 为公司 i 第 t 期总应计数，以净利润减经营活动现金净流量得之[①]；A_{it-1} 为公司 i 第 t-1 期总资产；ΔREV_{it} 为公司 i 第 t 期主营业务收入变化额；ΔREC_{it} 为公司 i 第 t 期应收账款变化额；PPE_{it} 为公司 i 第 t 期固定资产原值；ε_{it} 为误差项。另外，α_1、α_2、α_3 的估计值由方程（3）估计而得。

3）审计质量的衡量

本书以事务所的品牌作为审计质量的代理变量。DeAngelo（1981）、Palmrose（1988）、Teoh & Wong（1993）、Becker（1998）和 Reynolds & Francis（2000）的研究表明，事务所的品牌与审计质量正相关。我们首先设置哑变量 Auditor1，将事务所分为"四大"和"非四大"；然后对内资所，按中注协的排名及是否在证监会 2002 年公布的具有专项复核事务所资格的事务所之列，设置两个哑变量 top10 和 Auditor2。如果被审计企业的事务所具备专项复核资格，则 Auditor2 取值为 1，否则取值为 0；如果被审计企业的事务所为业务收入在 2001—2004 连续 4 年排名在前 15 名，则 top10 取值为 1，否则取值为 0。

---

① 夏立军（2003）认为，采用线下项目前总应计利润估计总应计数优于净利润估计总应计数，因此本书采用营业利润与经营活动现金流量的差额估计总应计项目。

4.2.3 模型设定及变量说明

为了进一步检验高质量审计是否能够提高会计稳健性，加大正的应计变化与负的应计变化在转回倾向上的不对称性，我们采用 Ball（2005）的做法[①]，在模型（1）中加入会计师变量及其与各项的交互项，具体检验模型如下：

$$\Delta X_{it}/P_{it-1} = \alpha_0 + \alpha_1 D + \beta_0 \Delta X_{it-1}/P_{it-2} + \beta_1 D \cdot \Delta X_{it-1}/P_{it-2} + \beta_2 Auditor_{it} + \beta_3 Auditor \cdot$$
$$D + \beta_4 Auditor \cdot \Delta X_{it-1}/P_{it-2} + \beta_5 Auditor \cdot D \cdot \Delta X_{it-1}/P_{it-2} + \varepsilon_{it} \qquad (5)$$

如果审计确实能够如预期那样发挥信息监督功能和保险功能，那么高质量审计的企业正应计变化与负应计变化转回倾向方面的差异应该加剧，因此，β_5 的预计符号为负。模型中各变量含义同上，其中，Auditor 代表不同质量的审计，在后文的检验中，我们分别加入四大哑变量（如果审计该企业的事务所为"四大"，Auditor1 取值为 1；否则，取值为 0）、国内排名前 10 名哑变量（如果审计该企业的事务所在国内排名前 10 名，top10 取值为 1；否则，取值为 0）和是否具备专项复核资格哑变量。在采用模型（5）检验国内排名前 10 名的事务所和是否具备专项复核资格的事务所对会计稳健性的影响时，我们剔除了被"四大"审计的企业。

为了检验不同质量审计对盈余激进度的约束作用，我们设定如下模型：

$$DA_{it} = \beta_0 + \beta_1 Auditor_{it} + \beta_2 Size_{it} + \beta_3 Lev_{it} + \beta_4 TA_{it} + \beta_5 nloss_{it} + \beta_6 Ocf_{it} + randomeffect + \varepsilon_{it} \qquad (6)$$

其中，因变量 DA 为可操控应计项目的绝对值，由于本研究并非属于特定事件盈余管理的研究（如 IPO 等），无法预期事件年度

① Ball 等人（2005）研究英国上市公司与非上市公司会计信息质量在及时性和稳健性方面的差异时，在 Basu（1997）的盈余变化模型基础上加入了公司类型哑变量（如果为非上市公司，取值为 1，否则取值为 0）及其与各项的交互项。

操控性应计数的方向。故本书以操控性应计数的绝对值衡量会计师允许管理当局盈余管理的空间,根据 Warfield (1995) 和 Francis (1999) 的研究指出,操控性应计数的绝对值 (ㅣDAㅣ) 是衡量管理当局操纵盈余增加及减少合并效果较好的替代变量。

自变量 Auditor 的含义同模型 (5),根据我们的假设,如果高质量审计能够在约束企业的盈余激进度方面有效发挥作用,则企业的盈余管理空间相对较低,因此预计其符号为负。

控制变量方面,Size 为企业总资产的自然对数,代表企业的规模;Lev 为企业的资产负债率,代表企业的负债情况,通常认为债权人也会对企业进行一定的监督,因此,预计符号为负;TA 为总应计的绝对值,Becker 等 (1998) 认为"六大"审计的企业可操控应计较为保守,而总应计绝对值较大的企业,其可操控性应计项目也较大,因此我们引入总应计的绝对值作为控制变量,并且预期其符号为正。Nloss 为代表企业盈余管理迹象的哑变量,如果企业的资产报酬率处于 5% ~7% 或 9% ~11% 的区间,取值为 1,否则,取值为 0。研究表明,我国企业中为了增发、配股等目的,存在"6% 现象"和"10% 现象"(孙铮、王跃堂,1999;陈小悦等,2000),因此预计其符号为正。Ocf 为企业的经营活动现金净流量,其通常与企业的应计之间呈反比 (Dechow,1994),因此预计符号为负。

4.3 实证检验结果分析

4.3.1 稳健性、及时性检验结果

我们按模型 (1) 对不同种类的事务所审计的上市公司进行回归分析,计算 β_1 和调整的 R^2,以比较它们提供的会计信息在稳健性和及时性方面的差异,检验结果见表 4-1。

表4-1　　稳健性、及时性回归结果及比较

Panel Aᵃ：(X 为核心盈余)

	α_0	α_1	β_0	β_1	$\beta_1+\beta_0$	Adj. R^2(%)	Chow test(F)
整体样本	-0.00124 (-1.4)	-0.0086 (-4.32)***	0.177 (3.38)***	-0.8479 (-4.65)***	-0.6709	2.77	$F_{12}=7.52$***
四大[1]	0.0057 (2.03)**	-0.0075 (-1.62)	0.3683 (2.34)**	-1.077 (-2.58)***	-0.7087	7.72	$F_{13}=3.53$***
非四大[2]	-0.0018 (-1.97)**	-0.0086 (-4.1)***	0.1521 (2.81)***	-0.8235 (-4.32)***	-0.6714	2.65	$F_{14}=5.59$***
具有双重审计资格[3]	-0.0012 (-0.76)	-0.0056 (-1.74)*	0.3132 (2.42)**	-0.6053 (-2.18)**	-0.2921	1.43	$F_{34}=1.76$
非双重审计资格[4]	-0.0024 (-2.03)**	-0.093 (-3.59)***	0.1064 (1.84)*	-0.8919 (-3.84)***	-0.7855	3.58	$F_{56}=1.42$
前十大[5]	-0.0006 (-0.34)	-0.0032 (-0.83)	0.0609 (0.76)	-0.1051 (-0.3)	0.0609	0.15	
非前十大[6]	-0.002 (-1.96)**	-0.0096 (-4.03)***	0.1686 (2.73)***	-0.9436 (-4.44)***	-0.775	3.63	

续表

	α_0	α_1	β_0	β_1	$\beta_1+\beta_0$	Adj. R^2(%)	Chow test(F)
Panel B[b]: (X 为企业的净盈余)							
整体样本	-0.0032 (-2.57)	-0.124 (-5.84)***	0.536 (1.08)	-0.9402 (-5.09)***	-9402	4.73	$F_{12}=10.03$***
四大[1]	0.006 (2.73)	-0.171 (-2.52)***	0.255 (2.18)**	-1.444 (-2.03)**	-1.189	10.33	$F_{13}=6.08$***
非四大[2]	-0.004 (-3.02)***	-0.012 (-5.03)***	0.031 (0.59)	-0.9126 (-4.83)***	0.9126	4.67	$F_{14}=7.22$***
具有双重审计资格[3]	-0.001 (-0.87)	-0.0126 (-3.16)***	-0.0185 (-0.27)	-0.806 (-1.98)**	-0.806	4.72	$F_{34}=1.20$
非双重审计资格[4]	-0.006 (-2.91)***	-0.011 (-3.82)***	0.054 (0.82)	-0.9578 (-4.49)***	-0.9578	4.41	$F_{56}=0.66$
前十大[5]	-0.0029 (-1.89)*	-0.008 (-1.43)	-0.0255 (-0.36)	-0.603 (0.343)	0	2.66	
非前十大[6]	-0.0045 (-2.61)***	-0.013 (-4.57)***	0.042 (0.69)	-0.97 (-4.99)***	-0.97	5.07	

续表

	α_0	α_1	β_0	β_1	$\beta_1+\beta_0$	Adj. R^2(%)	Chow test(F)
Panel C^c：							
整体样本	-0.0033 (4.72)***	0.0287 (9.02)***	0.0995 (4.46)***	-0.128 (-4.66)***	-0.0285	4.84	$F_{12}=7.86$***
四大[1]	0.008 (3.15)***	0.0233 (1.62)	0.259 (3.53)***	-0.487 (-2.67)***	-0.228	7.84	$F_{13}=5.23$***
非四大[2]	-0.0044 (-6.03)***	0.0294 (9.06)***	0.0858 (3.78)***	-0.1129 (-4.09)***	-0.0271	5.02	$F_{14}=4.54$***
具有双重审计资格[3]	-0.0017 (-1.48)	0.0249 (3.98)***	0.0757 (2.55)***	-0.1022 (-2.99)***	-0.0265	4.28	$F_{34}=1.77$
非双重审计资格[4]	-0.006 (-6.08)***	0.0311 (8.13)***	0.09 (2.99)***	-0.1171 (-2.88)***	-0.0271	5.33	$F_{56}=1.62$
前十大[5]	-0.002 (-1.48)	0.022 (3.7)***	0.094 (2.29)**	-0.266 (-1.86)*	-0.172	6.06	
非前十大[6]	-0.005 (-5.92)***	0.031 (8.37)***	0.084 (3.21)***	-0.1083 (-3.57)***	-0.0243	5.06	

括号内的 t 统计量为经 White(1980) 异方差调整后的 t 值。*、**、*** 分别表示在 10%、5%、1% 的显著性水平上显著。a：X_{it} 为企业的核心盈余，用营业利润衡量；b：X_{it} 为企业前期的核心盈余；c：如果企业前期的核心盈余小于 0，D 取值为 1，否则取值为 0。F_{12}、F_{13}、F_{14}、F_{34}、F_{56} 分别指各子样本中 β_1 是否存在显著差异的 chow 检验结果。

在 Panel A 中，从整体样本回归结果看，β_1 等于 -0.8479，小于 0，说明我国上市公司提供的会计信息在 2001—2004 年基本上比较稳健，此结果进一步充实了卢文彬（2003）的结论。但盈余变化为正的企业在下期不存在明显的转回倾向，与 Basu（1997）的预计相反，说明这部分企业盈余的持续性比较好；而 $\beta_1+\beta_0$ 小于 0，说明显示为负的应计变化的这部分企业由于及时确认了损失，在下一期有明显的转回倾向，正的应计变化和负的应计变化在转回倾向上存在显著的差异，验证了 Basu（1997）的结论。

同时，我们将样本进一步分为"四大"和"非四大"子样本进行检验，结果显示，"四大"审计的企业 β_1 等于 -1.077，$\beta_1+\beta_0$ 等于 -0.7087，调整的 R^2 为 7.72%，而"非四大"审计的企业 β_1 等于 -0.8203，$\beta_1+\beta_0$ 等于 -0.6714，调整的 R^2 为 2.65%，前者的稳健性指标和及时性指标均远远优于后者，说明"四大"审计的企业在正、负应计变化转回倾向的差异和负应计变化转回倾向上均大于"非四大"审计的企业，即"四大"审计的企业相对比较稳健，会计信息的及时性也相对比较高。

将内资所进一步分为具有专项复核资格和不具有专项复核资格、"十大"与"非十大"子样本进行检验，结果显示，具有专项复核资格的事务所审计的企业无论是在代表稳健性的指标 β_1 方面还是在代表及时性的指标 R^2 方面均未显示相对的优势，排名前十位的事务所审计的企业的会计信息在稳健性和及时性方面也并不比非前十名事务所的客户高。此结果说明内资所在审计质量方面仍不具有显著的差异。

为了检验各子样本回归方程中 β_1 和 R^2 是否存在显著差异，即检验会计信息稳健性与及时性差异的显著性，我们又进一步进行了 chow 检验。检验结果表明，"四大"与"非四大"的回归方程 chow 检验 F 值为 7.52，在 1% 的水平上显著，进一步支持了两类

事务所审计的企业会计信息在稳健性和及时性方面存在差异，"四大"审计的企业会计信息稳健性与及时性显著优于"非四大"审计的企业。同理，"四大"与国内具备专项复核资格和国内"十大"的回归方程 chow 检验 F 值分别 3.53 和 5.59，均在 1% 的水平上显著，同时由于"四大"客户的 $|\beta_1|$ 和调整的 R^2 均大于此两类事务所的客户，说明"四大"审计企业的会计信息稳健性和及时性要优于国内"十大"和国内具备专项复核资格的事务所的客户；而国内事务所客户的子样本回归方程不存在结构性差异，说明国内事务所审计的企业会计信息在稳健性和及时性方面不存在显著差异。

在 Panel B 中，我们进一步用净利润的变化进行回归，结果基本与 Panel A 保持一致。按随机游走模型，上一期的盈余可以作为下一期的预测盈余，因此在 Panel C 中我们按照 Busu（1997）敏感测试的办法，以上期的盈余作为区分好消息和坏消息的标准，来设置哑变量 D，如果上期的盈余为负，则取值为 1，否则，取值为 0。检验结果基本与 Panel A 保持一致。我们的检验结果均显示，"四大"审计的企业在稳健性和及时性方面均优于"非四大"审计的企业，而国内的事务所在提高会计信息的稳健性和及时性方面不存在显著差异。

为了进一步检验审计质量差异对会计信息稳健性的影响，我们对模型（5）分别加入不同的事务所类型哑变量进行了回归分析，检验结果见表4-2。

如果审计能够有效提高企业会计信息的稳健性，则其应该加剧正、负应计变化在转回倾向上的不对称性，即 β_5 应该显著为负。从表4-2 的回归结果看，Panel A 至 Panel C 我们分别加入了三类不同的事务所哑变量及与原始模型前几项的交互项，结果显示，"四大"审计的企业稳健性高于"非四大"审计的企业，国内"十大"和"非十大"在提高会计信息稳健性方面不存在显著的差异，

表 4-2　　　　　　　　　**模型（5）回归结果**

	预计符号	Panel A	Panel B	Panel C	Panel D	Panel E
		系数	系数	系数	系数	系数
α_0	?	−0.004 (−6.02)***	−0.006 (−6.08)***	−0.006 (−5.91)***	−0.006 (−6.07)***	−0.005 (−5.91)***
α_1	?	0.029 (9.06)***	0.031 (8.13)***	0.031 (8.37)***	0.031 (8.13)***	0.031 (8.36)***
β_0	+	0.086 (3.78)***	0.090 (2.98)***	0.084 (3.21)***	0.090 (2.98)***	0.084 (3.20)***
β_1	−	−0.113 (−4.08)***	−0.117 (−2.88)***	−0.108 (−3.57)***	−0.117 (−2.88)***	−0.108 (−3.57)***
β_2	?	0.012 (4.71)***	0.004 (2.64)***	0.003 (2.05)**	0.014 (5.05)***	0.013 (4.90)***
β_3	?	−0.006 (−0.41)	−0.006 (−0.86)	−0.009 (−1.29)	−0.008 (−0.53)	−0.007 (−0.49)
β_4	?	0.173 (2.27)**	−0.014 (−0.34)**	0.01 (0.2)	0.169 (2.14)**	0.174 (2.25)**
β_5	−	−0.373 (−2.04)**	0.015 (0.28)	−0.157 (−1.08)	−0.370 (−1.99)**	−0.378 (−2.06)**

续表

	预计符号	Panel A	Panel B	Panel C	Panel D	Panel E
		系数	系数	系数	系数	系数
β_6	?				0.004 (2.64)***	0.003 (2.05)**
β_7	?				-0.006 (-0.86)	-0.009 (-1.29)
β_8	?				-0.014 (-0.34)**	0.01 (0.2)
β_9	-				0.015 (0.28)	-0.157 (-1.08)**
Obs.		4 135	3 828	3 828	4 135	4 135
Adj. R^2(%)		5.51	5.11	5.19	5.59	5.67
F 值		19.15***	14.68***	14.61***	12.69***	12.63***

括号内的 t 统计量为经 White（1980）异方差调整后的 t 值。*、**、*** 分别表示在 10%、5%、1% 的显著性水平上显著。如果上期核心盈余小于 0，D 取值 1，否则，取值 0。

Panel A——如果为"四大"，auditor = 1，否则 auditor = 0；Panel B——如果为 national，auditor = 1，否则 auditor = 0；Panel C——如果为国内"十大"，auditor = 1，否则 auditor = 0；Panel D——同时加入是否"四大"和是否具备专项复核资格哑变量，其中 $\beta_2 \sim \beta_5$ 的 auditor 代表是否为"四大"，$\beta_6 \sim \beta_9$ 的 auditor 代表是否具备专项复核资格；Panel E——同时加入"四大"和国内"十大"哑变量，其中 $\beta_2 \sim \beta_5$ 的 auditor 代表是否为"四大"，$\beta_6 \sim \beta_9$ 的 auditor 代表是否为国内"十大"。

国内具备专项复核资格的事务所和不具备专项复核的事务所之间在提高会计信息稳健性方面也不存在显著的差异，该结果与我们初始检验的结果保持一致。在 Panel D 中，我们以不具备专项复核资格事务所的客户为基准组，在模型中同时加入 Auditor1 和 Auditor2 哑变量，进行回归，结果仍然表明只有"四大"审计的企业在稳健性方面与基准组存在显著差异。在 Panel E 中，我们以排名不在前十名的国内事务所的客户为基准组，在模型中同时加入 Auditor1 和 top10 哑变量，回归结果表明，"四大"和排名前十名的事务所在稳健性方面均与基准组存在显著差异。

上述结果整体说明，"四大"审计的企业提供的会计信息在稳健性和及时性方面与"非四大"审计的企业存在显著的差异，而"十大"和"非十大"及具有专项复核资格和不具有专项复核资格的事务所审计的企业在稳健性和及时性方面不存在显著差异。该结果说明审计质量对企业会计信息的稳健性和及时性仍然有影响，审计质量与稳健性和及时性呈正相关关系，基本支持了本书的假说1和假说2。

4.3.2 盈余激进度检验结果

由于盈余激进度反映了管理当局调高盈余的倾向，而可操控应计项目的高低更能代表管理当局盈余操纵的空间，因此本书选择可操控应计项目作为盈余激进度的代理变量进行比较。我们对不同审计质量的事务所审计的上市公司的可操控应计项目进行了单变量分析，检验结果见表4-3。

由表4-3Panel A 可以看出，"四大"审计的上市公司可操控应计项目的总额在1%的水平上显著低于"非四大"审计的上市公司；进一步将可操控应计项目分为调高盈余和调低盈余两个方向后，检验结果显示，"四大"审计的上市公司在增加收益的可操控应计项目方面显著低于"非四大"审计的上市公司，在减少收益的

表 4-3 　　盈余激进度的比较

变量	均值（中位数）		T值（Z值）	均值（中位数）		T值（Z值）	均值（中位数）		T值（Z值）
	四大	非四大		国内十大	非十大		专项复核	非专项复核	
增加收益的可操控应计	0.052 (0.037)	0.059 (0.043)	1.66* (1.31)	0.060 (0.043)	0.059 (0.044)	-0.39 (0.17)	0.060 (0.043)	0.059 (0.044)	-0.6 (0.23)
减少收益的可操控应计	-0.045 (-0.035)	-0.064 (-0.044)	-5.80*** (-3.35)***	-0.062 (-0.043)	-0.066 (-0.044)	-1.04 (-0.67)	-0.063 (-0.044)	-0.065 (-0.044)	-0.71 (0.2)
可操控应计绝对额	0.048 (0.036)	0.062 (0.044)	4.01*** (3.32)***	0.061 (0.043)	0.062 (0.044)	0.46 (0.57)	0.062 (0.044)	0.062 (0.044)	0.147 (0.022)

本表对不同类公司的平均数进行了 T 检验，中位数进行了 Wilcoxon 检验。*、**、*** 分别表示在 10%、5%、1% 的显著性水平上显著。括号内的值分别为具有专项复核资格事务所客户的均值（中位数）、T 值（Z 值）。

可操控应计项目方面显著高于"非四大"审计的上市公司。这一结果说明在调高盈余的空间和调低盈余的空间上,"四大"审计的上市公司均小于"非四大"审计的上市公司。从 Panel B 和 Panel C 的比较结果看,国内"十大"审计的上市公司可操控应计项目整体上小于"非十大"审计的上市公司,盈余的激进度相对较小,但是这种差异不显著;具有专项复核资格的内资事务所审计的上市公司和不具有专项复核资格的内资事务所审计的上市公司在可操控应计项目上也不存在显著差异。

为了进一步检验审计质量的差异对盈余激进度的影响,在进行了单变量比较分析之后,我们对模型(6)分别加入不同种类的事务所进行了回归分析,检验结果见表4-4。如果审计质量的差异能够影响盈余激进度,那么"四大"审计的上市公司盈余激进度应该显著小于"非四大"审计的上市公司,国内"十大"审计的上市公司盈余激进度应该显著小于"非十大"审计的上市公司,具有专项复核资格的事务所审计的上市公司盈余激进度应该显著小于不具有专项复核资格的事务所审计的上市公司。然而,面板数据回归结果显示(Panel A 至 Panel C),"四大"审计的企业盈余激进度在5%的水平上显著小于"非四大"审计的企业,"十大"与"非十大"、具有专项复核资格与不具有专项复核资格的事务所在限制企业的盈余激进度方面不存在显著差异。Panel D 中,我们以"非十大"的国内事务所审计的企业作为基准组,在模型中同时加入是否为"四大"、是否为国内"十大"哑变量后,回归结果显示只有"四大"在限制企业的盈余激进度方面与基准组存在显著的差异;Panel E 中,我们以不具有专项复核资格国内事务所审计的企业为基准组,在模型中同时加入 Auditor1 和 Auditor2 哑变量,回归结果显示,仍然是"四大"在限制企业的盈余激进度方面与基准组存在显著的差异。混合数据回归结果与面板数据回归结果保持一致。

表 4-4　模型（6）回归结果

变量	符号预测	Panel data					Pool data				
		系数	系数	系数	系数	系数	系数	系数	系数	系数	系数
截距		0.07 (4.05)***	0.078 (4.57)***	0.073 (3.90)***	0.07 (4.04)***	0.07 (4.35)***	0.066 (3.01)***	0.076 (3.34)***	0.078 (3.39)***	0.066 (3.00)***	0.067 (3.05)***
Auditor1	−	−0.005 (−2.05)**			−0.005 (−1.99)*	−0.005 (−1.78)*	−0.006 (−3.02)***			−0.006 (−2.94)***	−0.005 (−2.67)***
Top10	−		0.0002 (0.12)		0.0002 (0.13)			0.0002 (0.15)		0.0002 (0.16)	
Auditor2	−			0.002 (1.18)		0.002 (1.22)			0.0014 (1.22)		0.0015 (1.25)
Size	−	−0.002 (−2.59)***	−0.002 (−2.47)***	−0.002 (−2.59)***	−0.002 (−2.58)***	−0.002 (−2.70)***	−0.002 (−2.27)**	−0.002 (−2.11)**	−0.002 (−2.19)**	−0.002 (−2.27)**	−0.002 (−2.36)**
Lev	−	−0.007 (−7.67)***	−0.007 (−7.62)***	−0.007 (−7.62)***	−0.007 (−7.73)***	−0.007 (−7.73)***	−0.007 (−1.28)	−0.007 (−1.28)	−0.007 (−1.28)	−0.007 (−1.28)	−0.007 (−1.28)

续表

变量	符号预测	Panel data					Pool data				
		系数	系数	系数	系数	系数	系数	系数	系数	系数	系数
Abs (TA)	+	0.662 (75.2)***	0.665 (72.91)***	0.665 (72.93)***	0.662 (75.19)***	0.662 (75.21)***	0.664 (8.31)***	0.668 (7.97)***	0.667 (7.97)***	0.664 (8.31)***	0.66 (8.31)***
nloss	+	0.005 (2.64)***	0.005 (2.44)**	0.0044 (2.41)**	0.005 (2.63)***	0.0044 (2.61)**	0.005 (2.68)***	0.005 (2.47)***	0.005 (2.44)***	0.005 (2.68)***	0.005 (2.65)***
Ocf	-	-0.086 (-12.48)***	-0.083 (-11.6)***	-0.083 (-11.6)***	-0.087 (-12.48)***	-0.087 (-12.5)***	-0.088 (-3.51)***	-0.085 (-3.24)***	-0.085 (-3.25)***	-0.088 (-3.52)***	-0.088 (-3.53)***
year		-	-	-	-	-	-	-	-	-	-
ind		-	-	-	-	-	-	-	-	-	-
观测值		4 482	4 162	4 162	4 482	4 482	4 482	4 162	4 162	4 482	4 482
F 值(Wald chi2)		6 248***	13 872***	5 826***	6 247***	15 094***	28.46***	25.71***	25.82***	27.10***	27.19***
Adj. R^2		59.57%	59.73%	59.7%	59.57%	59.6%	59.57%	59.73%	59.75%	59.58%	59.59%

行业和年份控制变量影响未列明。括号内的 t 统计量为经 White (1980) 异方差调整后的 t 值。*、**、*** 分别表示在 10%、5%、1% 的显著性水平上显著。

以上单变量分析结果与多元回归结果保持一致，检验结果均显示，"四大"审计的上市公司盈余的激进度显著低于"非四大"审计的上市公司；"十大"与"非十大"、具有专项复核资格与不具有专项复核资格的事务所审计的上市公司在盈余激进度方面不存在显著差异。

总之，上述对会计信息稳健性、及时性和盈余激进度检验的结果综合显示："四大"审计的上市公司会计信息的透明度显著高于"非四大"审计的上市公司，具体表现在稳健性和及时性显著较高，盈余激进度显著较低；"十大"与"非十大"、具有专项复核资格与不具有专项复核资格的事务所审计的上市公司会计信息的透明度不存在显著的差异。我们的检验结果基本支持了本书的三个假说，审计质量的差异能够影响会计信息的透明度。另外，我们认为，国内十大会计师事务所通常是具有专项复核资格的事务所，所以它们可以通过管制便利获得客户，不必用提高审计质量的方式吸引客户。因此，它们缺乏提供高审计质量的动力，其审计声誉是建立在政府的管制便利基础上的，而非以审计质量为依托。而国外四大事务所尽管也具有专项复核资格带来的管制便利，但由于声誉机制对其的影响远远大于管制便利带来的好处，所以它们有动力提供高质量的审计。这可能是我国现阶段审计市场不同事务所提供相应审计质量的内在原因。

4.3.3 敏感性测试

我们采用 Basu（1997）的盈余—市场回报模型，按上述思路重新检验：

$$X_{it}/P_{it-1} = \alpha_0 + \alpha_1 DR_{it} + \beta_0 R_{it} + \beta_1 R_{it} \cdot DR_{it} + \varepsilon_{it}$$

式中：X_{it} 为当期的超常收益前的 EPS（核心盈余）；P_{it-1} 为前期的股票价格；DR_{it} 为哑变量，如果当期的市场回报为负则取值为1，否则取值为0；R_{it} 为当年4月至次年3月的12个月累计市场回报。

检验结果表明，"四大"审计的企业及时性指标（R^2）优于"非四大"审计的企业，"十大"审计的企业稳健性和及时性指标均优于"非十大"审计企业，具有专项复核资格事务所审计的企业稳健性和及时性指标均优于不具有专项复核资格事务所审计的企业。然而，当我们在模型中加入审计师变量及其与原模型变量的交互项后，以进一步检验不同审计质量对稳健性的影响时，交互项并不显著，此结果与卢文彬（2003）的检验结果保持一致。但是，从整体上看，以盈余—市场回报模型进行检验的结果基本能够支持我们用盈余持续性模型得到的结论。

由于 Bhattacharya，Daouk & Welker（2003）和杨之曙、彭倩（2004）以总应计作为盈余激进度的代理变量，我们也用总应计作为代理变量重新检验了不同种类的事务所审计的企业在盈余激进度方面的差异。检验结果显示："四大"审计的企业总应计在10%的水平上显著小于"非四大"审计的企业；"十大"审计的企业总应计比"非十大"审计的企业小，但是差异不显著；具有专项复核资格的事务所审计的企业总应计也在10%的水平上显著小于不具有专项复核资格的事务所审计的企业。这一结果基本支持我们用可操控应计项目作为激进度的代理变量的检验结果。

以往的研究显示，大企业可能更倾向于选择"四大"（Francis et al, 1999），为此，我们又进行了描述性统计（见表4-5），比较了"四大"与"非四大"客户的财务特征。从描述性统计结果可以看出，"四大"审计的企业财务状况普遍优于"非四大"审计的企业，企业规模整体偏大，因此可能存在自选择问题。对于内生性问题或样本自选择问题的处理，有以下三种处理方法：样本配对；采用两阶段最小回归；采用 Panel data 回归。

表4-5　　　　　　　　　**样本特征描述性统计结果**

变量	全样本		四大子样本		非四大子样本		子样本差异检验	
	均值	中位数	均值	中位数	均值	中位数	t 检验	Wilcoxon
Size	21.13	21.12	22.01	22.02	21.06	21.06	14.28***	14.8***
Roa	0.017	0.017	0.035	0.034	0.016	0.016	6.38***	6.95***
Lev	0.069	0.069	0.078	0.079	0.068	0.068	1.82*	3.4***
Opinion	0.091	0.091	0.059	0.059	0.094	0.094	−2.52***	−2.1***
观测值	4 416		322		4 094			

本表对两类公司的平均数进行了 T 检验，中位数进行了 Wilcoxon 检验。＊、
＊＊ 、＊＊＊ 分别表示在 10%、5%、1% 的显著性水平上显著。

　　在激进度模型中，我们采用了 Panel data 回归，Panel data 的一
个作用就是在一定程度上缓解样本自选择或模型内生性问题，除此
之外，我们采用了两阶段回归，将第一阶段会计师选择模型回归后
的 IMR（inverse mills ratio）作为第二阶段回归的控制变量（见表
4-6）。回归结果与表4-4 的回归结果基本保持一致，"四大"的客
户盈余激进度显著小于"非四大"，国内不同类事务所的客户盈余
激进度不存在显著差异。

　　对于模型（1）之所以没有控制代表企业特征的变量，是由于
我们需要关注不同类型企业的回归结果的 R²，如果加入太多的控
制变量可能会影响比较结果。因此，为了控制样本自选择问题，我
们又对样本按照规模和业绩配对进行了敏感性测试（见表4-7），
结果基本与表4-4 的回归结果一致。上述几种方法的结果综合说
明，我们的结果不是由内生性或样本自选择问题造成的。

表4-6　模型（6）两阶段最小回归结果

变量	符号预测	Panel data						Pool data			
		系数	系数	系数	系数	系数	系数	系数	系数	系数	系数
截距		0.1 (3.73)***	0.049 (2.03)**	0.05 (2.55)***	0.1 (3.73)***	0.11 (4.12)***	0.11 (4.22)***	0.05 (2.29)**	0.049 (2.18)**	0.11 (4.22)***	0.11 (4.48)***
Auditor1	−	-0.006 (-2.53)**			-0.006 (-2.61)***	-0.006 (-2.59)***	-0.0067 (-3.48)***			-0.007 (-3.51)***	-0.007 (-3.48)***
Top10	−		-0.0008 (-0.49)		-0.0008 (-0.48)			-0.001 (-0.82)		-0.001 (-0.78)	
Auditor2	−			-0.0007 (-0.4)		0.0006 (-0.42)			-0.0008 (-0.6)		-0.0009 (-0.68)
Size	−	-0.003 (-2.88)***	-0.0009 (-1.03)	-0.0009 (-1.05)	-0.003 (-2.91)***	-0.003 (-2.91)***	-0.003 (-3.11)***	-0.0009 (-1.04)	-0.0009 (-1.0)	-0.003 (-3.13)***	-0.003 (-3.12)***
Lev	−	-0.006 (-2.53)***	-0.007 (-3.14)***	-0.007 (-3.36)***	-0.006 (-2.52)***	-0.006 (-2.49)***	-0.005 (-1.23)	-0.007 (-1.54)	-0.007 (-1.67)*	-0.005 (-1.22)	-0.005 (-1.21)
Abs(TA)	+	0.67 (74.4)***	0.68 (72.24)***	0.68 (72.2)***	0.67 (74.39)***	0.67 (74.4)***	0.67 (6.93)***	0.68 (6.63)***	0.68 (6.63)***	0.67 (6.93)***	0.67 (6.93)***

126

续表

变量	符号预测	Panel data					Pool data				
		系数	系数	系数	系数	系数	系数	系数	系数	系数	系数
nloss	+	0.005 (3.0)***	0.005 (2.86)***	0.005 (2.88)***	0.005 (3.0)***	0.005 (3.01)***	0.005 (2.99)***	0.005 (2.73)***	0.005 (2.75)***	0.005 (2.99)***	0.005 (2.99)***
Ocf	-	-0.097 (-13.78)***	-0.091 (-12.5)***	-0.09 (-12.5)***	-0.098 (-13.78)***	-0.098 (-13.8)	-0.099 (-3.58)***	-0.092 (-3.25)***	-0.092 (-3.25)***	-0.099 (-3.58)***	-0.099 (-3.58)***
IMR	-	-0.006 (-3.19)***	-0.003 (-1.83)*	-0.003 (-1.77)*	-0.006 (-3.22)***	-0.006 (-3.19)***	-0.006 (-3.09)***	-0.003 (-2.1)***	-0.003 (-1.77)*	-0.006 (-3.04)***	-0.006 (-2.98)***
year		-	-	-	-	-	-	-	-	-	-
ind		-	-	-	-	-	-	-	-	-	-
观测值		4 303	3 990	3 990	4 303	4 303	4 303	3 990	3 990	4 303	4 303
F值(Wald chi2)		15214***	13732***	5640***	6059***	6058***	23.92***	23.07***	23.77***	23.01***	22.84***
Adj. R²		59.46%	59.6%	59.6%	59.47%	59.5%	59.47%	59.61%	59.6%	59.47%	59.47%

行业和年份控制变量影响未列明。括号内的t统计量为经White(1980)异方差调整后的t值。*、**、***分别表示在10%、5%、1%的显著性水平上显著。

表 4-7　　对模型 (1) 配对样本检验结果

	α_0	α_1	β_0	β_1	$\beta_1+\beta_0$	Adj. R²(%)	Chow test(F)
			Panel A ：（X 为核心盈余）				
整体样本	-0.001 (-1.22)	-0.0076 (-5.08)***	0.19 (3.31)***	-0.68 (-5.92)***	-0.49	2.4	F_{12}=6.41*** F_{13}=3.42*** F_{14}=5.08*** F_{34}=1.06 F_{56}=1.54
四大[1]	0.0059 (2.03)**	-0.0087 (-1.85)*	0.33 (1.86)	-1.06 (-2.48)**	-0.73	7.01	
非四大[2]	-0.0017 (-1.88)*	-0.0075 (-4.7)***	0.17 (2.91)***	-0.65 (-4.87)***	-0.48	2.91	
具有双重审计资格[3]	-0.0015 (-0.99)	-0.0065 (-2.3)**	0.34 (2.49)**	-0.75 (-2.54)**	-0.41	2.26	
非双重审计资格[4]	-0.002 (-1.85)*	-0.008 (-3.97)***	0.12 (1.9)*	-0.63 (-4.15)***	-0.51	2.39	
前十大[5]	-0.0008 (-0.47)	-0.05 (-1.51)	0.077 (0.86)	-0.20 (-0.52)	-0.123	0.43	
非前十大[6]	-0.002 (-1.81)*	-0.008 (-4.4)***	0.18 (2.79)***	-0.72 (-5.04)***	-0.54	2.81	

括号内的 t 统计量为经 White（1980）异方差调整后的 t 值。*、**、*** 分别表示在 10%、5%、1% 的显著性水平上显著。a：X_{it} 为企业的核心盈余，用营业利润衡量；b：X_{it} 为企业的净利润；c：如果企业前期的核心盈余小于 0，D 取值为 1，否则取值为 0。F_{12}、F_{13}、F_{14}、F_{34}、F_{56} 分别指各子样本模型 chow 检验的结果。

4.4 本章小结

理论界和实务界对不同的事务所的审计质量是否存在差异也没有一个一致的看法。有研究表明，我国民间审计质量不存在差异（刘峰，2002；卢文彬，2003；刘峰、周福源，2005 等），然而也有研究表明我国民间审计的确存在质量上的差异（蔡春、黄益建和赵莎，2005；张奇峰，2005）。由于审计服务作为一种信任品，其质量不能通过直接衡量审计报告来确定，只能在消费者使用后才能具体感知，故对其质量的评定更多的是通过被审计单位的会计信息质量来衡量（Defond & Subramanyam，1998；Francis，1999；Reynolds & Francis，2000）。因此，本章从会计信息透明度的角度研究了我国不同事务所的审计质量是否存在差异。

本章以 2001 年至 2004 年的上市公司为样本，研究了审计质量与会计信息透明度的关系。研究表明，审计质量与会计信息透明度呈正相关。"四大"审计的上市公司会计信息的透明度显著高于"非四大"审计的上市公司；进一步将内资事务所按证监会排名和是否具备专项复核资格划分为国内"十大"与"非十大"、具有专项复核资格与不具有专项复核资格的事务所后，审计质量对会计信息透明度的影响证据比较微弱。证据微弱的原因可能在于：在我国目前的转型经济体制下，审计市场中这些国内大所的审计声誉主要来自政府管制便利，而不是依托审计质量，政府的管制为国家层面的大所带来了租金。

5 政府干预、所有权安排与会计师事务所选择行为研究：选择动机

　　从独立审计需求的代理成本假说、信号假说和保险假说出发，国外关于企业选择会计师事务所动机的研究分为三类：一是基于代理成本假说的代理冲突动机（Jensen & Meckling，1976；Chow，1982；Watts & Zimmerman，1983；Palmrose，1984；Francis & Wilson，1988；Defond，1992；Craswell，1995）；二是基于信号假说的客户风险策略动机（Titman & Trueman，1986；Dater，1991；Feltham，1991；Clarkson & Simunic，1994）；三是基于保险假说的保险动机（Kellogg，1984；Stice，1991；Dye，1993；Menon & Williams，1994）。实际上，这些研究都是围绕独立审计的基本经济价值的实现展开的，认为独立审计可以降低信息不对称，缓解企业的代理冲突，为投资者提供保护。然而，国内关于企业选择事务所的研究比较有限，缺乏系统性，未从独立审计的功能出发，并且研究结论缺乏一致性（李树华，2000；李爽、吴溪，2002；朱红军、夏立军和陈信元，2004；孙铮、曹宇，2004；曾颖、叶康涛，2005；王艳艳、陈汉文和于李胜，2006）。我们在前面的理论分析中指出，在法制环境欠缺与政府干预的双重作用下，独立审计需求的保险假说在某种程度上异化为政治担保假说，高质量的独立审计可以为企业提供政治担保（Deegan & Gordan，1996；Belkaoui &

Karpik，1989）。同时，在我国目前的产权制度安排下，控股股东对中小股东的利益侵占和管理层的内部人控制是上市公司普遍存在的代理问题，上市公司中的所有权安排是影响企业选择不同类型会计师事务所的深层决定因素。因此，本章同时立足于政治担保假说和代理成本假说，从政府产权和集中股权结构下的双重代理问题出发，研究我国转型经济体制下企业选择不同会计师事务所的动机问题，试图为政府在审计市场中的角色定位提供初步证据，为引导我国独立审计需求和改善审计市场供需结构提供借鉴。

5.1 理论基础及假说发展

企业选择何种类型的事务所，实质上是其自身成本—收益衡量的结果。在我国，选择高质量事务所至少存在以下三方面的收益：首先，企业可以获得高质量事务所为其带来的信号传递收益。因为雇用高质量的事务所能够降低代理成本，使企业从资本市场上获得更高的市场回报，进而降低外部融资的成本；其次，雇用高质量的事务所可以减少企业的监督成本。由于高质量的事务所具有更加熟练的专业分工和较低的成本函数，它们同时还可以为企业提供一些咨询性的附加服务；最后，雇用高质量的会计师事务所可以为企业提供政治担保。因为我国上市公司大部分为国有控股，这些企业的经理形式上是由董事会任命的，但所有的任命决策权依然掌握在行业主管部门里（张维迎，1999）。由于是一种行政任命，为了政治前途，他们通常会以选择高质量的独立审计为担保，来解除自己的受托责任（Deegan & Gordan，1996；Belkaoui & Karpik，1989）。选择高质量的事务所的成本在于企业的机会主义行为和信息披露要受到制约，从而提高企业的信息披露成本。因为当企业管理当局与审计师发生分歧时，高质量的事务所有更大的动机保持独立性，能够抵抗来自于企业内部的压力，披露对企业不利的信息，为管理层的机会主义行为设置障碍。企业内部的各种利益相关人（包括政府、控股股东、管理当局等）均是在自身的成本—收益函数下，选择最有利于自己的行为方式。

5.1.1 政府干预与会计师事务所选择

我国上市公司主要由原来的国有企业改制而来，而公有产权的一个重要特征就是政府干预。政府同时作为上市公司的最终控制人和证券市场的监管者，必然会影响企业的微观行为。在我国，政府对上市公司的影响首先体现在上市公司最终控制人的差异方面。按照最终控制人的性质，目前我国上市公司可以分为政府控制的公司和非政府控制的公司，其中政府控制的公司又可以进一步分为中央政府控制的公司和地方政府控制的公司。对于政府控制的上市公司，最终控制人通常为政府单位或政府实体，并且董事会成员和管理层也由政府任命或相应的政府官员担当，从而成为政府的派出机构，这就决定了政府控制的上市公司管理层与非政府控制的上市公司管理层成本—收益函数的异质性，导致它们微观行为的差异。中央政府、地方政府和非政府控制的企业成本、收益函数的差异突出表现在它们面临不同的政治成本和控制权私人收益，从而使得它们在选择不同质量的审计师时具有不同的成本—收益函数。首先，在政治担保收益方面，由于中央政府控制的企业政治成本较高，且这部分上市公司的管理层一般直接由国资委等中央部委任命，出于自身的政治前途考虑，管理层会通过选择高质量的独立审计来分担政治成本。虽然地方政府控制的上市公司也存在一定的政治成本，但由于地方政府为了促进地方经济发展或实现政治目标，通常会通过这部分上市公司在资本市场上竞争资源，采取地方保护主义，而地方保护主义的隐性担保在一定程度上抵消了独立审计的担保收益，因此，中央政府控制的企业选择高质量审计的政治担保收益显著高于另外两类企业。其次，在控制权私人收益方面，由于国企改制上市模式的差异，使这部分上市公司的控股股东在控制方式方面存在差异，中央政府通常采用控股公司①的形式，通过授权投资的部门（如国资委等）实现其控制权，而地方政府多采用集团公司的形式实现控制权，相对于前者而言，企业集团为控股股东通过关联交易掏空企业提供了便利（Khanna，2000；Bertrand，2002；Bae，2002），使其掏空行为具有较大的隐蔽性，因此，地方政府控制的上市公司控制权私人收益要高于中央政府控制的上市公司。李增泉、孙铮和王志伟（2004）的研究为此提供了经验证据，他们的研究表明控股公司控制的上市公司掏空行为要小于企业集团控制的上市公司。由于独立审计作为一种监督机制，选择高质量的会计师事务所会提高"掏空"行为被发现的概率，从而提高控股股东获取控制权私人收益的成本，因此，地方政府控制的上市公司选择高质量独立审计的成本要高于中央政府控制的上市公司。最后，在租金成本方面，由于地方政府为了使其控制的企业获得上市或配股等资格，从证券市场上获得更多的资源，促进地方经济的发展，往往会采取地方保护主义行为。一方面，纵容地方企业的机会主义行为，纵容企业选择低质量的事务所；另一方面，为了保护本地小所的发展，通常会利用管制便利要求企业选择当地事务所，并限制外地事务所的进入。而当地企业受限于地方政府的直接管辖，为了迎合地方政府的政策进而会选择当地事务所，以从政府那里获得比选择高质量审计带来的收益更高的租金。基于上述原因，本书发展如下假说：

假说1：与非政府控制的企业相比，中央政府控制的企业更倾向于选择高质量的事务所（国际"四大"），地方政府控制的企业更倾向于选择本地小所。

5.1.2 大股东控制与会计师事务所选择

根据 Morck（1988）等人关于管理层持股比例与代理成本之间

---

① 此处的控股公司系指上市公司的控制权由授权投资的机构或部门来持有，如国有资产管理公司或其他行业部门、国有资产经营公司等。

的非线性关系推论，股权集中度对企业代理成本的影响也存在两种
效应：利益分歧效应（divergence-of-interests effects）和壕沟效应
（entrenchment effects）。利益分歧效应指的是大股东与管理当局之间
的代理冲突，而壕沟效应指的是大股东对中小股东的利益侵占行为。
在股权集中度较低的区域，代理成本比较高。这是因为，相对于管
理层来说，较低的股权集中度增加了大股东通过接管或代理权之争
（proxy fight）来驱逐不合格的管理者的成本（Alchian & Demsetz,
1972；Shleifer & Vishny, 1997），而控股股东与管理层之间也存在利
益分歧，由此引发的代理成本也较高。同时，内部人侵占外部中小
股东的机会和能力受到很大限制，内部人更希望通过雇用高质量的
会计师事务所，向外界传递信号，获得外界相关利益人的信任，从
而在资本市场上获得相应收益。因此，在这种情况下，控股股东和
管理当局均有动机通过雇用高质量的事务所来降低企业的代理成本。

在股权集中度较高的区域，由于控股股东与外部中小投资者的利
益趋于一致，其所承担的股价降低的成本要大于其侵占中小投资者利
益所获得的收益，因此，控股股东有动机雇用高质量的事务所向外界
传递信号，说明其自身的行为受到了监督，从而吸引更多的投资者投
资于企业以提高股价，最终获得高质量的事务所带来的信号传递收益。

而在股权集中度的中间区域，控股股东存在较大的控制权，股
权集中于大股东使得大股东指派的高管人员难以被替代，公司控制
权市场、经理人才市场难以对现任高管构成挑战，大股东可能凭借
其控制力来掠夺、侵占中小股东的利益，获取私利，并且其利益侵
占行为获得的收益要大于由此带来的股价下降引发的机会成本。此
时，控股股东和管理层均可能缺乏雇用高质量事务所的动机。

综上分析，股权集中度与高质量审计需求之间是一种非线性的
关系，二者之间存在如图5-1所示的区间效应。Lennox（2005）、
王艳艳、陈汉文和于李胜（2005）、曾颖、叶康涛（2005）的研究
均表明股权结构（集中度）与高质量审计质量需求之间存在非线

性关系。基于此，本书发展如下假说：

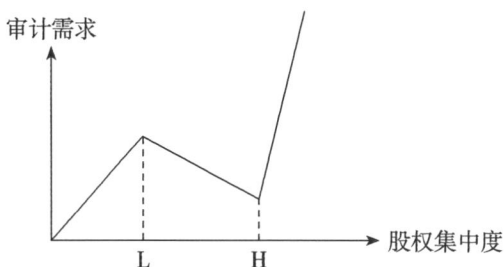

图 5-1　股权集中度与审计质量需求关系图

假说2：在股权集中度较高和较低的区域，股权集中度与高质量审计需求正相关；在股权集中度的中间区域，股权集中度与高质量审计需求负相关。

5.1.3　管理层的内部人控制与事务所选择

管理层与股东之间的利益冲突是随着企业组织结构复杂化而出现的最普遍的代理冲突。一方面，我国上市公司中国有控股股东一般处于绝对控股的地位，通常会通过向企业任命或派驻高层管理人员的形式实现控制权，在这种所有者"缺位"的情况下，企业经理获得对企业大部分控制权，容易产生管理层的内部人控制问题（青木昌彦，1995）。另一方面，我国上市公司中高管人员兼任的现象又进一步加剧了上市公司中本身存在的内部人控制问题。张维迎（1999）指出，内部人控制还导致了另外两种最主要的代理成本，即经理行为的短期化和经营者的选择问题。尽管内部人控制和两权分离情况下的经理控制产生的原因存在很大的差异，但其后果基本相似。因为内部人实际上是政府的代言人，并非资产的最终所有人，因此，无论是内部人控制还是经理控制，其实质都是不拥有所有权的人接受委托对不属于自己的财产进行经营和管理，这就不可避免地会出现机会主义行为和掏空行为。而管理层的内部人控制

135

产生的代理成本类似于分散股权下经理人控制产生的代理成本。同时，代理理论认为，管理当局和外部股东之间有动机达成一致，通过签订契约来降低代理成本，这些契约可能是显性的，也可能是隐性的。然而由于契约通常是以会计数字为基础的，因此，作为签约基础的会计盈余的可靠性将直接影响契约的有效性。由于会计信息通常是由管理当局呈报的，这就导致契约本身并不足以降低代理成本，管理当局可以通过操纵盈余来实现契约中的盈余，以提高自身的报酬或降低被解聘的可能性。如果没有独立审计来鉴证管理当局呈报的财务报表，契约将不能有效地执行，管理当局的机会主义行为也将得不到抑制。为了提高作为契约基础的会计盈余的可靠性，存在对外部审计的需求。以美国股权分散国家上市公司为样本的研究为代理成本与高质量审计需求之间正相关提供了经验证据（Jensen & Meckling，1976；Watts & Zimmerman，1983；Francis & Wilson，1988；Defond，1992）。在我国，叶康涛、曾颖（2005）、王艳艳、陈汉文和于李胜（2006）认为降低代理成本是我国部分上市公司选择高质量事务所的原因之一。基于此，我们发展如下假说：

假说3：管理层的内部人控制的代理成本与高质量审计需求之间呈正相关关系。

5.2 研究方法及数据描述

5.2.1 数据来源与样本选取

本书数据全部来自于香港理工大学与深圳国泰安信息技术有限公司联合开发的 CSMAR 数据系统。本书选定 2001—2004 年间上市公司的数据作为研究对象，最终选定的样本公司为 3 987 家。第一，以 2001 年为起点是由于自 2000 年开始中国证券审计市场发生了很大的变化，事务所脱钩改制基本完成，诱导高质量审计需求的制度诱因逐步市场化；第二，考虑到金融类上市公司的特殊性，剔除了金融类公司；第三，剔除同时发行 B 股和 H 股的上市公司；第四，在数据收集及整理过程中，剔除数据缺失的企业；第五，剔除相关指标的1%分位极端值。

5.2.2 模型设定与变量说明

由上述的分析可知，股权集中度与审计质量需求之间可能是非线性关系，因此我们分别构建如下分段线性回归模型（1）和曲线回归方程（2），采用 logistic 回归对前面的假说进行检验：

$$\text{Auditor}_{it} = \alpha_0 + \alpha_1 \text{Size}_{it} + \alpha_2 \text{Lev}_{it} + \alpha_3 \text{Roa}_{it} + \alpha_4 \text{Issue}_{it} + \alpha_5 \text{lloss}_{it} + \alpha_6 \text{Geo}_{it} +$$

$$\alpha_7 \text{central}_{it} + \alpha_8 \text{local}_{it} + \alpha_9 \text{Rme}_{it} + \alpha_{10} \text{own\_low}_{it} +$$

$$\alpha_{11} \text{own\_interim}_{it} + \alpha_{12} \text{own\_high}_{it} + \sum_{t=1}^{3} \alpha_{12+t} \text{year}_t +$$

$$\sum_{n=1}^{12} \alpha_{12+t+n} \text{industry}_{in} + \varepsilon_{it} \quad\quad (1)$$

$$\text{Auditor}_{it} = \beta_0 + \beta_1 \text{Size}_{it} + \beta_2 \text{Lev}_{it} + \beta_3 \text{Roa}_{it} + \beta_4 \text{Issue}_{it} + \beta_5 \text{lloss}_{it} + \beta_6 \text{Geo}_{it} +$$

$$\beta_7 \text{central}_{it} + \beta_8 \text{local}_{it} + \beta_9 \text{Rme}_{it} + \beta_{10} \text{owner}_{it} + \beta_{11} \text{owner}_{it}^2 +$$

$$\beta_{12} \text{owner}_{it}^3 + \sum_{t=1}^{3} \beta_{12+t} \text{year}_t + \sum_{n=1}^{12} \beta_{12+t+n} \text{industry}_{in} + \varepsilon_{it} \quad\quad (2)$$

模型中各变量含义如下：

因变量：Auditor 为虚拟变量，代表事务所的类型。由于我国目前证券审计市场基本形成了国际"四大"、国家层面大所（国内"十大"）并存的格局，同时根据证监会的相关文件，这些具备 IPO 专项复核资格的事务所具备政府管制便利，因此本书将事务所分为三类。我们首先设置哑变量 big4，将事务所分为"四大"和"非四大"；然后对内资事务所，按中注协的排名及是否在证监会 2001 年公布的具有复核审计资格的事务所之列，设置两个哑变量——national 和 top10。如果被审计企业的事务所具备专项复核审计资格，则 national 取值为 1，否则取值为 0；如果被审计企业的事务所为业务收入在 2001—2004 年连续 4 年排名在前 15 名，则 top10 取值为 1，否则取值为 0。

测试变量：Rme 代表企业管理层内部人控制的代理成本，用管理费用与总资产的比例衡量，该衡量代理成本的方法与 Ang, Cole & Lin（2000）一致。国外研究（Francis & Wilson, 1988; Lennox, 2005）通常采用管理层持股比例衡量企业管理层与股东之间的代理冲突，但我国由于管理层持股尚不普遍，且持股比例非常低，因此该代理变量在我国目前尚不适用，本书采用管理费用率衡量管理层与股东之间的代理冲突。根据代理理论，管理层与股东之间的代理成本越高，管理层越有动机雇用高质量的事务所以解除受托责任，因此该变量预期符号为正。

本书另选用企业股权集中度——最终控制人持股比例 Owner 代表企业中控股股东与中小投资者之间的代理冲突。由于股权集中度与事务所选择存在区间效应，且本书首先采用了分段线性回归，因此根据股权集中度三个区间的两个临界点（L 和 H）构造三个变量——own_ow、own_interim、own_high，分别衡量股权集中度较低、中间和较高区域内其与事务所选择之间的关系。具体构造方式如下：

own_low = owner		如果 owner<L
= L		如果 owner≥L
own_interim = 0		如果 owner<L
= owner−L		如果 L<owner<H
= H−L		如果 owner≥H
own_high = 0		如果 owner<H
= owner−H		如果 owner≥H

在股权集中度较高和较低的区域，股权集中度与事务所选择之间的关系预期为正，即 own_low 和 own_high 的预期符号为正。在中间区域，由于同时存在激励效应和壕沟效应，二者的影响大小无法主观判断，故 own_interim 的预期符号无法预测。

在模型（2）中，$owner^2$ 和 $owner^3$ 分别为股权集中度的平方项和三次方项。在股权集中度较低的水平上，owner 与高质量审计需求之间是一种正相关关系，并且这种正相关关系随股权集中度的升高而降低；在股权集中度较高的水平上，owner 与高质量审计需求之间仍然呈正相关关系，并且这种正相关关系随股权集中度的升高而增加。因此，owner、$owner^2$ 和 $owner^3$ 系数的预测符号分别为正号、负号和正号。

Central 和 local 为哑变量，分别代表中央政府和地方政府对企业微观行为的干预或政府与公司之间的代理冲突。在政府影响的衡量方面，现有的研究中存在三种方法：（1）公司与政治人物的关系（Robert，1990；Fisman，2001；Faccio，2003）；（2）公司董事会成员或管理层的政府任职背景（陈冬华，2002；Fan & Wong，2005）；（3）公司最终控制人是否为政府（刘芍佳、孙霈和刘乃全，2003；夏立军、方轶强，2005；Fan, Wong & Zhang, 2005）。在前两种衡量方法下，数据不易获取，且可能存在内生性问题，因此本书采用第三种衡量方法。如果公司最终控制人可以确定为自然人、职工持股会、民营企业、村办集体企业、街道集体企业、乡镇一级的政府部门、乡镇集体企业或外资企业，则归为非政府控制；如果最终控制人为地方政府（县及县级以上）或中央政府有关部门或机构，则分别归为地方政府控制和中央政府控制。如果是中央政府控制，central 赋值为 1，否则为 0；同理，如果为地方政府控制，local 赋值为 1，否则为 0。

控制变量：Size、Roa、Lev、Issue 和 lloss 分别用来控制其他影响企业选择事务所的因素。前人的研究发现，对"六大"的审计需求与企业的规模、负债比有关（Simunic & Stein 1987；Johnson & Lys 1990；Defound，1992；Copely，1995），企业规模、负债比与对"六大"的需求之间呈正相关关系。Size 代表企业的规模，用总资产的自然对数衡量；Lev 代表企业中债权人与企业之间的代理冲突，用长期负债与总资产的比值衡量。在本书中，由于我国转型经济体制下银行在企业监管方面的特殊角色，我们假设负债比与

"四大"的需求之间呈反比关系，因为负债比越高代表外部债权人的监督越强，因此对审计的需求就会减弱。

Beatty（1989）和 Slovin（1990）研究发现，企业当年存在发行新股行为时，存在对"六大"的审计需求，本书用 Issue 代表企业的新股发行行为，企业当年存在新股发行行为时取值为1，否则为0。lloss 代表企业是否陷于财务困境，陷入财务困境的企业通常对"六大"的审计需求较低（Schwartz & Menon 1985），本书用企业的前一会计期间盈利状况衡量，前期盈利为负时取值为1，否则取值为0。Roa 代表企业业绩，通常业绩好的企业对高质量审计的需求较大。

nloss 用来衡量企业的盈余管理迹象。如果企业的 Roa 处于5%～7%的区间和9%～11%的区间，则 nloss 取值为1，否则为0。企业存在盈余管理行为时，通常会逃避外部审计的监督，选择低质量的事务所，因此，该变量预期符号为负。

Geo 用来控制地区差异。因为企业选择事务所的行为受经济环境、法律环境的影响（Francis，2001；Choi & Wong，2002）。然而，在我国，对于不同地区的上市公司而言，虽然其所处的国家大环境是一样的，但其所处的地区市场化进程、政府影响程度、治理水平却不平衡，仍然相去甚远（樊纲、王小鲁，2003）。因此，本书借鉴 Laporta 等人的跨国比较框架，采用了樊纲、王小鲁（2003）报告的2000年度各地区治理环境数据，将市场化指数、政府干预指数和法治水平指数的综合得分作为企业外部治理环境的代理变量。其中，市场化指数越大代表市场化进程越快；政府干预指数越大代表政府干预越少；法治水平指数越大代表法治水平越高；综合指数越大代表整体治理环境越好。

行业和年份哑变量在模型中未列示，其中行业的分类以中国证监会2001年4月4日颁布的《上市公司行业分类指引》为基础，共分为13个行业，设置12个哑变量。

5.3 实证检验结果

在实证检验部分，我们首先对 2001—2004 年混合样本进行了单变量分析和多变量分析。为了简化表格，多变量分析中年度及行业影响的结果未在表中列明。

5.3.1 单变量结果分析

图 5-2 为根据表 3-7 生成的各事务所市场份额随股权集中度的增加而变化的趋势图。其中，big4 代表"四大"的市场份额；top10 代表国内"十大"的市场份额；IPO 代表国内具备 IPO 专项复核资格事务所的市场份额。从图 5-2 可以看出，"四大"的市场份额呈现明显的先增、后降再增的变化趋势，基本与我们的理论分析一致，而国内"十大"与 IPO 专项复核资格事务所的市场份额变化不规律，这可能是由于这两类事务所的质量与国内其他事务所之间并不存在显著差异（王艳艳，2005），企业选择这两类所是出于节约审计费用或迎合政府管制目的，并非是出于缓解代理冲突动机。同时，根据图 5-2 及表 3-7 的数据分析，"四大"的市场份额的两个转折点分别在股权集中度为 50% 和 65% 之处，因此，本书在进行分段线性回归时，选择这两个点为临界点。

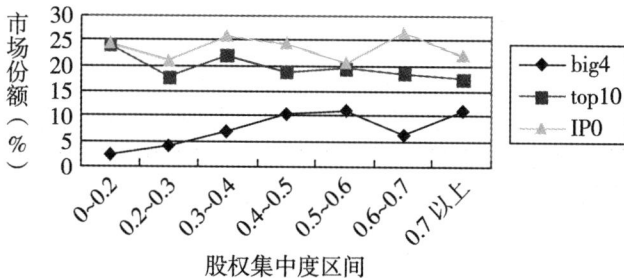

图 5-2 按股权集中度区间计算的各事务所市场份额趋势图

表 5-1　有关变量的 Pearson 相关检验

变量	Big4	Top10	National	Size	Roa	Lev	Issue	Iloss	Geo	central	local	Rmte	owner	Own_low	Own_Interim	Own_high
Big4	1.0															
Top10	—	1.0														
National	—	—	1.0													
Size	0.27 0.00***	0.07 0.00***	0.09 0.00***	1.00												
Roa	0.08 0.00***	0.06 0.00***	0.08 0.00***	0.20 0.00***	1.00											
Lev	0.02 0.22	-0.04	-0.02	0.12	0.01 0.73	1.00										
Issue	0.004	0.05 0.01***	0.04 0.01**	0.14 0.00***	0.18 0.00***	0.02	1.00									
Iloss	0.79	0.01**	0.01**	0.00***	0.00***	0.3	-0.17	1.00								
	-0.05 0.00***	-0.07 0.00***	-0.07 0.00***	-0.22 0.00***	-0.30 0.00***	-0.04 0.01**	0.00***	0.00***								
Geo	0.11 0.00***	0.19 0.00***	0.32 0.00***	0.11 0.00***	0.07 0.00***	-0.04 0.02**	0.01 0.48	-0.01 0.52	1.00							

续表

变量	Big4	Top10	National	Size	Roa	Lev	Issue	lloss	Geo	central	local	Rme	owner	Own_low	Own_Interim	Own_high
central	0.11	0.02	-0.002	0.05	-0.03	-0.00	0.02	-0.01	0.06	1.00						
	0.00***	0.14	0.88	0.00***	0.03**	0.78	0.20	0.6	0.00***							
Local	-0.02	-0.04	-0.02	0.11	0.01	0.01	-0.03	-0.04	-0.05	-0.54	1.00					
	0.20	0.01	0.23	0.00***	0.50	0.35	0.06*	0.02**	0.00***	0.00***						
Rme	0.016	0.05	0.02	-0.21	-0.45	-0.09	-0.09	0.16	0.04	0.02	0.002	1.00				
	0.30	0.00***	0.23	0.00***	0.00***	0.00***	0.00***	0.00***	0.00***	0.14	0.87					
owner	0.08	-0.01	0.02	0.22	0.17	-0.01	0.002	-0.1	-0.01	0.1	0.21	-0.08	1.00			
	0.00***	0.39	0.17	0.00***	0.00***	0.41	0.88	0.00***	0.44	0.00***	0.00***	0.00***				
Own_low	0.09	-0.01	0.02	0.19	0.15	-0.02	0.01	-0.09	-0.02	0.09	0.21	-0.09	0.94	1.00		
	0.00***	0.64	0.13	0.00***	0.00***	0.12	0.39	0.00***	0.85	0.00***	0.00***	0.00***	0.00***			
Own_interim	0.03	-0.02	0.01	0.19	0.15	0.004	-0.01	-0.08	-0.002	0.08	0.16	-0.06	0.85	0.63	1.00	
	0.02**	0.1*	0.51	0.00***	0.00***	0.78	0.72	0.00***	0.85	0.00***	0.00***	0.00***	0.00***	0.00***		
Own_high	0.09	-0.001	0.01	0.19	0.1	0.02	-0.03	-0.04	0.02	0.09	0.05	-0.03	0.52	0.28	0.57	1.00
	0.00***	0.94	0.39	0.00***	0.00***	0.31	0.02**	0.01**	0.15	0.00***	0.00***	0.05**	0.00***	0.00***	0.00***	

注：系数下行的数值为 p 值。*、**、*** 分别表示在 10%、5%、1% 的显著性水平上显著。

表5-1为相关变量的 pearson 相关检验。由表中结果可以看出，各自变量与因变量之间的相关关系基本上与我们的预期一致，且各自变量之间的相关系数较小，基本在0.5之下，说明我们的模型不存在多重共线性问题。

5.3.2 多变量结果分析

1）模型（1）、模型（2）的检验结果

对模型（1）和模型（2），我们分别采用了面板数据回归和混合数据回归（分别见表5-2和表5-3），面板数据和混合数据回归结果基本保持一致。从选择"四大"的回归结果看，central 与选择高质量事务所行为之间在1%的水平上显著正相关，而 local 为负，但基本不显著，说明中央政府控制的企业存在选择高质量事务所的动机，而地方政府缺乏选择高质量事务所的动机，支持了假说1；在去除了"四大"客户的样本公司后，我们进一步分析了企业选择国家层面大所的动机，从表5-2和表5-3可以看出，local 基本与是否选择国内"十大"和国内具备 IPO 资格事务所之间显著负相关，说明地方政府控制的企业选择国家层面大所的动机要弱于非政府控制的企业，他们存在较大的动机选择地方小所，以逃避监督或掏空企业，支持了假说1。

在代表股权集中度低、中、高的区间变量方面，表5-2和表5-3中 own_low、own_interim 和 own_high 分别与是否选择"四大"呈正相关、负相关和正相关关系，并且基本在1%和5%的水平上显著，支持了假说2；对 national 和 top10 的回归中，这三个变量的影响方向基本与预测一致，但并非所有的区间都显著，这并不能减弱对假说2的证明力。因为这些国家层面的大所虽然在国内具备一定的声誉，但是它们的审计质量并不显著高于其他事务所。对模型（2）的回归显示，owner 与是否选择"四大"显著正相关，其平方项与是否选择"四大"显著负相关，其立方项与是否选择

144

表5-2　Panel data 回归结果

变量	符号预测	四大		国内十大			国内具备IPO资格		
		Model1	Model2	Model1	Model2	Model2	Model1	Model2	Model2
截距		-93.13 (-7.96)***	-103.9 (-8.34)***	-37.1 (-6.98)***	-61.3 (-9.84)***	-45.8 (-6.94)***	-99.7 (-8.72)***	-91.9 (-12.8)***	-111.7 (-13.5)***
Size	+	2.78 (7.11)***	2.68 (6.71)***	0.21 (0.93)	0.17 (0.73)	0.09 (0.39)	1.03 (4.41)***	1.54 (5.94)***	1.0 (4.26)***
Roa	+	5.73 (1.22)	8.52 (1.88)*	1.69 (0.72)	4.49 (1.72)*	1.76 (0.68)	7.48 (2.05)**	8.34 (3.28)***	7.54 (2.74)***
Lev	+	2.07 (1.86)*	2.14 (1.34)	-3.12 (-1.54)	0.18 (0.21)	-0.68 (-0.41)	-3.63 (-2.32)**	-1.03 (-0.7)	-5.34 (-3.61)***
Issue	+	-0.8 (-1.8)*	-0.61 (-1.3)	-0.44 (-1.43)	-0.21 (-0.74)	-0.31 (-1.04)	0.043 (0.13)	0.16 (0.55)	0.074 (0.27)
lloss	-	-2.56 (-2.66)***	-1.51 (-1.89)*	-0.74 (-1.67)*	-0.96 (-2.09)**	-0.77 (-1.65)*	-0.47 (-1.2)	-0.48 (-1.14)	-0.5 (-1.1)
Geo	+	6.47 (4.01)***	7.63 (4.17)***	9.17 (7.15)***	19.5 (12.2)***	12.85 (7.9)***	23.77 (8.89)***	18.5 (14.8)***	25.66 (16)***
central	+	3.37 (4.96)**	1.31 (2.0)**	-0.6 (-1.03)	-0.07 (-0.14)	-1.72 (2.74)***	-1.01 (-2.16)**	-1.97 (-3.73)***	-0.91 (-2.01)**
local	-	-0.4 (-0.64)	-0.51 (-0.83)	-1.39	-0.73	-2.12	-1.36 (-2.36)**	-1.18 (-3.45)***	-1.5 (-4)***
Rme	+	17.3 (3.97)***	12.3 (2.1)**	6.45 (2.32)**	5.32 (2.03)**	5.87 (1.91)*	5.39 (2.21)**	7.6 (2.63)***	8.47 (2.7)***

145

续表

变量	符号预测	四大 Model1	四大 Model2	国内十大 Model1	国内十大 Model2	国内具备 IPO 资格 Model1	国内具备 IPO 资格 Model2
own_low	+	8.26		3.56		3.39	
		(3.66)***		(2.23)**		(1.08)	
own_interim	-	-29		-11.82		-5.39	
		(-3.89)***		(-1.86)*		(-1.46)	
own_high	+	31.7		-3.2		5.05	
		(4.39)***		(-0.3)		(0.74)	
Own			52.9	5.02	-4.48	21.78	47.49
			(3.04)***	(1.07)	(-0.36)	(4.44)***	(3.52)***
Squ_own			-106.3	-8.47	29.5	-26.7	-92.6
			(-2.68)***	(-1.5)	(0.93)	(-4.9)***	(-2.96)***
tri_own			67.4		-32.99		57.34
			(2.44)***		(-1.34)		(2.48)***
观测值		3987	3987	3828	3828	3828	3828
Wald chi2		104.8***	101.1***	191.3***	185.6***	236.8***	280.3***
Pseudo R^2(%)		17.17	17.04	8.78	8.89	17.9	17.85
Log likelihood		-342.3	-334.6	-859.7	-849.7	-895.6	-907.5

为简化表格，年份及行业影响未列明；括号内的数字为 White（1980）异方差调整后的 Z 值；*、**、*** 分别表示在 10%、5%、1% 的显著性水平上显著。

表5-3　Pool data 回归结果

变量	符号预测	四大		国内十大			国内具备 IPO 资格		
		Model1	Model2	Model1	Model2	Model2	Model1	Model2	Model2
截距		-28.17 (-10.7)***	-33.5 (-10.85)***	-15.1 (-10.3)***	-15.1 (-9.95)***	-15.0 (-9.2)***	-25.1 (-14.4)***	-25.5 (-14.2)***	-25.8 (-13.6)***
Size	+	0.72 (7.95)***	0.75 (8.49)***	0.25 (4.51)***	0.26 (4.62)***	0.26 (4.62)***	0.29 (5.18)***	0.31 (5.37)***	0.31 (5.38)***
Roa	+	6.45 (2.18)**	6.49 (2.38)**	3.89 (4.13)***	3.89 (4.11)***	3.89 (4.11)***	4.16 (4.1)***	4.22 (4.14)***	4.24 (4.18)***
Lev	+	0.58 (1.28)	0.56 (0.49)	-1.33 (-2.21)**	-1.35 (-2.26)**	-1.35 (-2.25)**	-1.46 (-2.6)***	-1.50 (-2.67)***	-1.51 (-2.68)***
Issue	+	-0.28 (-1.33)	-0.3 (-1.39)	0.22 (2.12)**	0.21 (2.08)**	0.21 (2.07)**	0.09 (0.88)	0.086 (0.83)	0.089 (0.86)
lloss	-	-0.94 (-1.67)*	-0.89 (-1.65)*	-0.62 (-3.33)***	-0.61 (-3.29)***	-0.61 (-3.29)***	-0.42	-0.41	-0.41
Geo	+	2.57 (4.2)***	2.59 (4.23)***	2.71 (8.96)***	2.71 (9.0)***	2.72 (9.01)***	5.8 (13.35)***	5.80 (13.4)***	5.80 (13.8)***
central	+	0.63 (2.36)**	0.53 (1.96)**	0.06 (0.4)	0.056 (0.4)	0.06 (0.4)	-0.23 (-1.57)	-0.24 (-1.64)*	-0.24 (-1.64)*
local	-	-0.37 (-1.59)	-0.43 (-1.83)*	-0.25 (-2.25)**	-0.25 (-2.26)**	-0.25 (-2.26)**	-0.22 (-1.96)**	-0.22 (-2.02)**	-0.22 (-2.02)**
Rme	+	4.67	6.77	4.78	4.79	4.79	3.03	3.15	3.28

续表

变量	符号预测	四大		国内十大			国内具备 IPO 资格		
		Model1	Model2	Model1	Model2	Model3	Model1	Model2	Model3
own_low	+	3.22 (3.48)***	(3.07)***	0.61 (4.4)***	(4.28)***	(4.25)***	1.78 (3.16)***	(3.25)***	(3.29)***
own_interim	−	-7.32 (-3.44)***		-2.4 (-2.06)***			-1.34 (-1.19)		
own_high	+	11.66 (3.93)***		3.66 (1.69)***			2.67 (1.22)		
Own			38.2 (2.88)***		0.001 (0)	-0.36 (-0.08)		2.99 (2.11)**	6.02 (1.36)
Squ_own			-81.61 (-3.02)***		-0.018 (-0.01)	0.89 (0.08)		-2.28 (-1.49)	-9.79 (-0.94)
tri_own			54.88 (3.16)***			-0.68 (-0.09)			5.86 (0.74)
观测值		3 985	3 985	3 828	3 828	3 828	3 828	3 828	3 828
Wald chi2		204.1***	197.2***	232.8***	227.4***	227***	338***	335.7***	336.6***
Pseudo R^2(%)		17.17	17.04	8.78	8.89	8.78	17.9	17.85	17.87
Log likelihood		-553.3	-554.1	-1 718.4	-1 912.6	-1 718	-1 695.3	-1 696	-1 696

为简化表格，年份及行业影响未列明；括号内的数字为 White(1980)异方差调整后的 Z 值；*、**、*** 分别表示在 10%、5%、1% 的显著性水平上显著。

"四大"显著正相关。这一曲线的形状基本与图 5-1 的形状一致，进一步验证了假说 2。在关于国家层面大所的回归中，这一曲线关系未得到证明与这些事务所审计质量不高有关。

在代表管理层与股东之间代理成本的变量方面，Rme 均在 1%的水平上显著正相关，支持了假说 3，说明管理层与股东之间的代理成本与审计质量需求之间存在函数关系，二者之间的代理成本越高，管理层越有动机雇用高质量的事务所，以解除受托责任。

在控制变量方面，对三种类型事务所的回归结果基本保持一致。Size、Roa 基本上与预期符号一致，说明通常规模大的企业及业绩好的企业倾向选择高质量的事务所或国家层面的大所；Lev 与预期符号相反，这可能是由于我国负债融资的渠道基本是银行贷款，且负债水平平均不高，平均保持在 67%左右，而适度的负债可以缓解企业的代理冲突，因此，降低了对高质量事务所的需求。是否发行新股与是否选择"四大"和国内"十大"显著负相关，与我们的预期符号相反，这可能是由于在我国发行新股的企业通常盈余管理现象比较严重，为了逃避外部监督会降低对高质量审计的需求，同时地方政府对企业的地方保护，使这部分企业缺乏利用高质量事务所传递信号的动机。lloss 与事务所类型变量显著负相关，与预期符号一致。代表地区差异的变量 Geo 与事务所类型变量之间均在 1%的水平上显著正相关，说明我国审计质量需求的确存在地区差异，治理环境或市场化程度比较发达的地区对审计质量的需求较高。并且，加入此变量后，模型的 R^2 显著升高，说明在我国地区差异是影响审计需求的一个很重要的因素。

2）进一步检验

以上从静态的角度检验了政府行为、所有权安排造成的大股东控制与内部人管理层控制与高质量审计需求之间的关系。为了进一步检验所有权与审计质量需求之间的关系，我们选取 2001—2004 年间发生重大股权转让的上市公司为样本，设计如下模型（3），从动态的事务所变更与控制权变化的角度，进一步提供经验证据。

$$switch_n = \alpha_0 + \alpha_1 contrch_{it} + \alpha_2 opinionp_{it} + \alpha_3 \Delta ROA_{it} + \alpha_4 \Delta Lev_{it} + \alpha_5 \Delta TA_{it} + \varepsilon_{it} \quad （3）$$

由表 5-4 结果可以看出，控制权发生变化的企业较未发生变化的企业更容易变更会计师事务所。进一步说明所有权安排及其变化是企业选择会计师事务所的原因之一。

表 5-4　　　　　　　　　进一步检验结果

变量	Panel A		Panel A		变量	Panel A	
	系数	Z 值	系数	Z 值		系数	Z 值
Con	-2.15	-6.12 ***	-2.57	-5.23 ***	Con	-1.52	-3.08 ***
contrch	1.06	2.4 **	1.28	2.58 ***	contrch	0.82	1.79 **
opinionp			0.79	1.46	opinionp	0.68	1.33
ΔROA			11.34	1.96 **	ROA	-5.53	-1.78 *
ΔLev			8.43	1.86 *	Lev	-2.34	-1.84 *
ΔTA			-1.31	-1.08	TA	0.26	0.17
观测值	132		132			132	
Waldchi2	5.76 ***		10.46 **			12.11 **	
PseudoR^2（%）	4.14		13.62			10.06	
Loglikelihood	-71.67		-55.34			-67.24	

因变量为是否更换会计师事务所 switch。*、**、*** 分别表示在 10%、5%、1% 的显著性水平上显著。其中，switch 为是否变更会计师事务所；contrch 为控制权是否发生变化；Opinionp 为前期的审计意见；ROA 为净资产收益率；Lev 为短期负债；TA 为总应计。

5.3.3　敏感性测试

为了增强结果的稳定性，我们首先对模型（1）采用了 ordered logistic 回归，另外设置变量 order1 和 order2，其中，order1 代表"四大"、国内具有专项复核审计资格事务所和其他，按顺序依次赋值3、2、1；order2代表"四大"、国内"十大"和其他，按顺序依次赋值3、2、1。回归结果基本与logistic回归保持一致，本书的三个假说均得到了支持。

其次，我们按股权集中度的三个区间，将全样本分为三个子样本，并且对每个子样本进行了logistic回归。回归结果基本保持不变，也验证了本书的三个假说。

最后，我们进一步检验了控制权变化幅度与会计师事务所变更方向之间的关系。结果表明，在股权集中度较高和较低的企业中，控制权变化幅度与企业向大所变更之间显著正相关，说明这部分企业控制权变化越大，企业向高质量事务所变更的可能性越大，进一步为所有权与审计质量需求之间的关系提供了证据。

5.4 本章小结

由于对高质量审计的需求会受法制环境、市场化进程的影响（Francis，2001；Choi & Wong，2002），而我国经济发展存在严重的地区差异（樊纲、王小鲁，2003；夏立军、方轶强，2005），因此，本书以2001—2004年的A股上市公司为样本，在控制了地区经济发展不平衡因素之后，研究了政府管制、所有权安排对企业选择会计师事务所行为的影响。研究结果表明：首先，从效率观出发，中央政府控制的上市公司存在选择高质量事务所的动机，从机会主义观出发，地方政府控制的上市公司存在选择地方小所的动机，非政府控制的上市公司存在选择国家层面大所的动机；其次，股权集中度与审计质量需求之间呈非线性关系，存在区间效应，在股权集中度较低和较高的区域，二者之间显著正相关，分别验证了利益分歧效应和利益一致效应，在股权集中度的中间区域，二者之间显著负相关，验证了壕沟效应；最后，管理层与股东之间的代理成本与企业选择高质量事务所行为之间呈正相关关系。上述结果综合表明，政府管制因素和所有权安排均会影响上市公司选择事务所的行为，企业的选择行为既存在经济动因也存在管制动因。

　　本章结果给我们的启示是：政府对企业的审计需求既有消极的一面，也有积极的一面；既有攫取之手，也有帮助之手。在短时期内我国外部制度环境不能改变的情况下，改革政府在企业中的产权安排是刺激审计需求的根本因素，但不能采用"一刀切"的方法，应该对中央政府控制的企业和地方政府控制的企业采取差异化策略。

6 事务所选择与权益资本成本：经济后果

在当前的市场结构下，企业选择不同类型事务所既存在经济动机又存在管制动机，那么投资者是否能看穿企业的这种行为？企业是否可以通过选择不同质量的事务所达到降低权益成本的目的？以往的研究基本上以信息不对称比较严重的 IPO 市场为样本，通过 IPO 发行溢折价与事务所选择之间的关系来研究审计的功能问题，而较少关注一般情况下权益资本成本与事务所选择之间的关系。本章采用 Bartov & Bodnar（1996）关于信息不对称程度的衡量方法，将企业分为两类，并以信息不对称程度比较严重的企业为研究样本，采用两阶段回归的方法，在控制了自选择偏误后，通过理论模型及实证检验，探讨了企业事务所选择行为是否会影响企业的权益资本成本问题。

6.1 理论基础及假说发展

第 2 章关于审计需求的三个假说共同表明，在资本市场中，由于市场竞争和价格机制以及监管和法律机制的作用，审计的经济价值在于提高资本市场中财务呈报的质量，降低企业的代理成本和资本市场中的信息风险，减轻信息不对称，进而优化资源配置，最终降低企业的融资成本，为投资者提供保护。而审计监督功能、信息功能及保险功能的实现需要审计质量为保证，并且市场能够区分不同质量的审计服务。由于监督功能和信息功能都是通过向市场传递信号，最终降低信息不对称，因此现有的研究中基本将二者统称为信息功能。但是，对外部独立审计的需求是源于其信息功能还是保险功能，是一个有待验证的问题，且在大多数研究中，都未区分外部审计的这两个功能。由于保险功能的实现需要会计师事务所承担法定的赔偿责任和较完备的法律惩戒机制，而我国目前的转型经济中，相关的法律赔偿责任正在建立，实际执行仍然存在诸多障碍，进而在一定程度上可能限制了审计保险功能的实现。因此，我们认为，在我国目前的制度背景下，外部审计的功能更多地体现为监督功能和信息功能。本章以信息不对称比较严重的企业为研究对象，研究独立审计在我国目前的转型经济体制下是否能够有效发挥其信息功能。

6.1.1 独立审计的价值与功能

在资本市场中，外部独立审计的价值在于提高资本市场中财务呈报的质量，降低企业的代理成本和资本市场中的信息风险，减轻信息不对称，进而优化资源配置，最终降低企业的融资成本。这一价值的实现具体体现在审计功能的实现上。Dye（1993）的研究表明，外部审计在资本市场中充当着双重角色，即信息角色（information role）和保险角色（insurance role）。在前一角色下，审计的主要功能是降低资本市场中的信息不对称，降低资本成本，提高资源配置的效率；在后一角色下，审计的主要功能是当出现审计失败时，审计师能为利益相关人提供保险。而前一角色又可分为监督功能和信息功能。在我国目前的制度背景下，外部审计的角色更多地体现为信息角色，即发挥监督功能和信息功能。

当然，外部独立审计的这些功能得以实现的一个重要条件是市场上存在差异化的审计质量供给服务，并且市场能够区分不同质量的审计服务。目前，我国的审计市场已经逐步上形成了由"四大"、国内声誉较高的知名所占主要市场份额的审计供给市场（中国证监会，2005）。并且，蔡春、黄益建和赵莎（2005）及王艳艳、陈汉文（2006）的研究综合表明，我国目前不同类型的事务所之间审计质量存在系统性差异。同时，以市场指标衡量审计质量的研究表明，"四大"审计的公司盈余的品质显著优于"非四大"审计的公司（张奇峰，2005；王艳艳、陈汉文和于李胜，2006），企业价值也显著较高（曾颖、叶康涛，2005），这些均为独立审计的信息功能和监督功能提供了证据。但是，高质量的外部审计是否可以缓解信息不对称，降低资本成本，提高资源配置效率呢？目前尚缺乏直接的经验证据。本章首先构造模型进行推导，然后通过经验证据进一步予以证明。

6.1.2 事务所选择与权益资本成本

目前，关于事务所选择与权益资本成本的研究大都集中在信息不对称程度较高的 IPO 审计市场（Beatty & Ritter，1986；Titman & Trueman，1986；Beatty，1989；Menon & Williams，1991；Felthom，1991；Holland & Horton，1993；Firth & Smith，1992；Jan & Lin，1993；Michaely & Shaw，1995）。他们的研究一致表明，通过选择声誉较高的事务所，可以向市场传递企业未来发展前景的信号，减少信息不对称，降低初始发行的折价倍数，从而降低权益资本成本。因为对于这些初始发行股票的企业，由于市场中投资者拥有的相关信息较少，不了解它们的发展前景，发行者与投资者之间存在严重的信息不对称，因此为了降低发行过程中的资本成本，它们有动机向市场传递关于其自身发展状况的信号，以降低初始发行的折价率。选择声誉较高的事务所便是一种良好的信号传递途径。同时，声誉较高的事务所为了保护自身声誉，避免诉讼成本，有动机提供高质量的审计，对企业进行严格的监督（Dye，1993）。

在年报审计市场上，关于事务所选择与权益资本成本之间的关系尚缺乏直接的经验证据，相关的研究基本集中在信息披露数量和质量对权益资本的影响方面。关于信息披露数量和质量对权益资本成本的影响基本上是建立在以下两种理论之上的：其一，以 Amihud、Mendelson（AM）（1986）和 Diamond、Verrecchia（DV）（1991）为代表，认为较高的信息披露水平能够提高股票的市场流动性，从而通过降低交易成本或增加对企业股票的需求来降低权益资本成本。① 其二，包括 Klein & Bawa（1976）；Barry & Brown（1985）；Coles & Loewenstein（1988）；Handa & Linn（1993）；Coles（1995）；Clarkson（1996）等都认为提高信息披露能够提高投资者对企业价值估计的精确度，降低评估风险，从而降低权益资本成本。

在我国，相应的研究结论并不统一。刘常青、林文荣（2004）以 1999 年 7 月 1 日至 2002 年 12 月 31 日期间沪深两市 A 股市场的 312 家 IPO 公司为样本，研究了审计声誉与 IPO 折价之间的关系，但并未得到相关的经验证据。汪炜、蒋高峰（2004）运用 2002 年前在上海证券交易所上市的 516 家公司数据，研究结果表明，上市公司信息披露水平的提高有助于降低公司的权益资本成本。

在上述研究中，无论是 IPO 市场中的事务所选择与权益资本成本的关系，还是年报市场中信息披露与权益资本成本的关系，都表现出显著的负相关关系。而一般情况下事务所选择与权益资本成本之间是何种关系尚无直接的证据，因此，本章首先通过构造模型证明二者的关系，然后进行经验检验。

---

① AM（1986）认为，流动性较高的股票交易成本较大，因为投资者要求补偿额外的交易成本。通过披露私有信息可以降低流动性中的逆向选择行为和降低权益成本。DV（1991）认为，较高的信息披露水平能够降低大宗交易中透露的信息量，从而降低伴随这种交易出现的逆向价格影响。因此，投资者愿意持有某特定企业较多的股票，这就增加了对企业股票的需求，并提高了当前的股价，进而降低资本成本。

6.1.3 模型分析

因为审计的监督功能和信息功能旨在降低企业中的道德风险和投资者对企业定价时的信息风险，因此，在企业未来现金流相同的情况下，投资者对选择高质量事务所的企业的未来现金流预期较高，即审计质量与投资者的预期呈正相关关系。为简化讨论，我们仅分析两期的情况，即 T 期和 T+1 期。我们假定所有的公司在T+1期都产生一个正的随机现金流 $\tilde{C}$，投资者预期自身收到的现金流是审计质量的增函数，即 $C_i = q_i\tilde{C}$，其中 q_i 代表审计质量，且 $0 \leqslant q_i \leqslant 1$。$q_i$ 为 0 和 1 时分别代表审计质量最差和最优水平，当 $q_i = 1$ 时，投资者预期未来收到的现金流最高，因此，T+1 期投资者的预期现金流（$\tilde{F}_i$）为：

$$\tilde{F}_i = \tilde{C}_i - \tilde{u}_i = q_i\tilde{C} - (1-q_i) \ \tilde{u} \tag{1}$$

式中：$\tilde{u}$ 是均值为 0，方差为 σ_u 的随机项，且 $Cov (\tilde{u}, \tilde{R}_m) < 0$。一般 $\tilde{u}$ 可以理解为由宏观不确定性引起的投资者预期现金流降低部分，而 $u_i = (1-q_i) \ \tilde{u}$ 则是信息不对称下内部人机会主义行为的收益，该收益由外部市场条件决定，同时与审计质量成反比。由 (1) 式可以看出，审计质量越高，投资者的预期现金流就越高。

为了简化分析，我们假定资本资产定价模型（CAPM）适用于模型分析的市场，则公司 i 在时期 T 的价值为：

$$V_i = \frac{E \ (\tilde{F}_i)}{1+R_i} = \frac{q_i E \ (\tilde{C})}{1+R_i} = \frac{E \ (\tilde{F}_i) \ -Cov \ (\tilde{F}_i, \ \tilde{R}_m)}{1+R_f}$$

$$= \frac{q_i E \ (\tilde{C}) \ -q_i Cov \ (\tilde{C}, \ \tilde{R}_m) \ + (1-q_i) \ Cov \ (\tilde{u}, \ \tilde{R}_m)}{1+R_f} \tag{2}$$

式中：R_i 是公司 i 的权益资本成本，R_f 是无风险利率，R_m 是市场投资组合回报率。

利用方程（2），由资本成本 R_i 对审计质量 q_i 求导得：

$$\frac{\partial R_i}{\partial q_i} = \frac{(1+R_f) \ E \ (\tilde{C}) \ Cov \ (\tilde{u}, \ \tilde{R}_m) \ /q_i^2}{[E \ (\tilde{C}) \ -Cov \ (\tilde{C}, \ \tilde{R}_m) \ + \ (1/q_i-1) \ Cov \ (\tilde{u}, \ \tilde{R}_m)]^2} < 0 \quad (3)$$

由此可以看出，审计质量与权益资本成本之间呈负相关关系。同时，该公式成立的条件是市场上必须存在质量差异化的审计服务供企业选择。第四章的研究为我国审计市场中不同会计师事务所审计质量的差异化提供了证据。

在现代市场经济中，随着公司业务和管理的复杂化、委托代理关系的扩大、信息不对称程度的提高及法律体系的完善，市场对审计质量的需求在逐步增加。我国目前的审计市场已经逐步形成了由"四大"、国内声誉较高的知名所占主要市场份额，并且国外四大所在客户收入、客户资产等指标上远远高于国内大所的市场结构，审计市场基本呈常态发展，市场结构趋于稳定（中国证监会，2005）。这说明，在我国的年报审计市场上，企业比较注重事务所的选择，试图通过选择不同声誉的事务所向市场传递信号。如果审计能够有效发挥其监督功能和信息功能，则信息不对称程度较高的企业可以通过事务所选择来降低资本成本。因此，我们发展如下假说：

假说：在信息不对称程度较高的企业中，不同类型事务所审计的企业权益资本成本存在显著差异。

6.2 研究设计

6.2.1 样本选择及数据来源

如前所述，研究数据全部来自于香港理工大学与深圳国泰安信息技术有限公司联合开发的 CSMAR 数据系统。本书选定 2001—2004 年间 A 股上市公司的数据作为研究对象。第一，选择 4 年的样本期间是为了扩大样本中由"四大"审计的样本公司数，以

2001 年为起点是由于 2000 年我国事务所基本完成了脱钩改制；第二，考虑到金融类上市公司的特殊性，剔除了金融类公司；第三，在数据收集及整理过程中，剔除数据缺失的企业；第四，剔除相关指标的 1% 分位极端值；第五，为了提高企业的权益价值和降低市场中的逆向选择行为，本章按信息不对称指标的中位数将所有的 A 股公司分信息严重不对称和不严重的企业，并以信息严重不对称的企业为研究样本，检验企业是否可以通过事务所选择行为达到降低资本成本和信息不对称的目的，进而检验审计的信息功能。最终选定的样本公司为 1 926 家。

6.2.2 信息不对称程度及权益资本成本的衡量

1）信息不对称程度的衡量

关于信息不对称程度的衡量存在两个代理变量，即市场交易量（turnover）和股票买卖价差（bid-ask），但是以买卖价差衡量信息不对称，存在三种缺陷：（1）由于买卖价差受要约过程成本及持有成本的影响，因此变量的测量误差会影响估计结果，并且这种偏差是不容易克服的；（2）可观测到的价差通常具有离散性，由于大企业通常仅报告 1 次交易的价差，并且价差是股价的函数；（3）Morse & Ushman（1983）的研究表明买卖价差对信息环境不敏感，Lee（1993）等人的研究表明将买卖价差和市场深度结合可以有效地衡量盈余宣告日前的潜在信息不对称程度。但是由于必要的数据在样本期间具有不可获取性，因此本书选择市场交易量作为信息不对称程度的代理变量。理论和经验证据均表明，市场交易量与买卖价差负相关，两个变量均可用于衡量信息不对称。

虽然市场交易量克服了离散性问题，但同样存在测量误差，例如特定事件的发生会影响企业的未预期盈余（Beaver，1968；Bamber，1987）从而影响交易量，因此我们采用 $Turnover_{it} = \alpha_0 +$

$\alpha_1\sigma$（ΔEPS_{it}）$+\varepsilon_{it}$的方法①来克服这种测量误差，将市场交易量与前 5 年的盈余变化额的标准差回归的残差（控制了过去盈余波动影响的市场交易量）作为信息不对称的代理变量，这种方法的优点在于具有较广泛的覆盖面。

2）权益资本成本的计算

关于资本成本的估计，现有的实证研究中主要有两类方法：一类是基于市场风险的收益率模型计算的已实现的资本成本，即将平均已实现的收益率作为未来预期收益率的无偏估计，如资本资产定价模型（CAPM）、套利定价模型（APT）和三因素模型等。然而，Fama & French（1997）明确指出，由于难以准确估计风险载荷和风险溢价，使得这类方法计算得到的权益资本成本精确度较差。另一类是基于市场价格和公司财务数据的贴现模型计算的事前的资本成本，例如股利增长模型、经济增长率和留存比例调整后的盈余价格比（E/P）等。在此基础上，Ohlson（1995）发展了"剩余收益贴现模型"，Botosan（1997）和 Gebhardt, Lee & Swaminathan（GLS）（2001）分别采用剩余收益贴现模型计算资本成本。陆正飞等（2004）认为 GLS 的方法稍加调整后可用于估计我国上市公司的权益资本成本，沈艺峰等（2005）采用了 GLS 方法计算权益资本成本，本书也采用 GLS 模型来估计上市公司的权益资本成本。

根据 Ohlson（1995）模型思想和 GLS 模型，公司的权益资本成本 R 可由式（4）计算得到：

$$P_t = B_t + \sum_{i=1}^{\infty} \frac{E_t(ROE_{t+i} - r)B_{t+i-1}}{(1+r)^i} \tag{4}$$

式中：P_i 为第 t 期的股票价格；B_t 为第 t 期的期初每股净资产；E_t（·）为期望函数；ROE_{t+i} 为第 t+i 期的净资产收益率。

---

① Bartov & Bodnar（1996）用此方法来衡量公司的信息不对称程度。

由于式（4）按照无穷期限来计算，而实际过程中必须确定有限的预测期，因此对于预测期以外的现金流可以用一个终值来反映，因此可以转化为下列的形式：

$$P_t = B_t + \sum_{i=1}^{3} \frac{FROE_{t+i} - r}{(1 + r)^i} B_{t+i-1} + \sum_{i=4}^{11} \frac{FROE_{i+n} - r}{(1 + r)^i} B_{t+1-1} + \frac{FROE_{t+12} - r}{r(1 + r)^{12}} B_{t+}$$

(5)

式中：FROE 为预测每股净资产。

由于 GLS 认为该模型的预测期间不应该少于 12 期，因此本书采用 12 期的预测期间。又因为我国没有分析师的预测数据，前 3 期以实际净资产收益率替代，没有实际净资产收益率的期间我们假定预测期的 ROE 与行业平均 ROE 呈线性关系，并将直线回归的结果作为预测期的 ROE，第 12 期以后的 ROE 维持在行业平均水平上。

对于预测期间的每股净资产（B_t），我们假定公司的账面价值、盈余和股利之间满足"干净盈余"的关系，即 $B_{t+i} = B_{t+i-1} + FROE_{t+i} \times B_{t+i-1} \times (1-pout_{it})$，$pout_{it}$ 为企业的预期股利支付率，按公司过去 5 年的平均股利支付率计算。

6.2.3 模型设定及变量说明

由于样本可能存在自选择问题，为了控制自选择偏误，我们采用两阶段回归的方法。第一阶段为事务所选择模型，对第五章选择模型（2）进行 probit 回归后计算得到的 IMR（inverse mills ratio 或 Lamda）作为第二阶段回归的控制变量；第二阶段为事务所选择行为对企业权益资本成本的影响。本书构造如下模型以检验第二阶段对资本成本的影响。

$$Cost_{it} = \alpha_0 + \alpha_1 Auditor_{it} + \alpha_2 beta_{it} + \alpha_3 oprisk_{it} + \alpha_4 size_{it} + \alpha_5 growth_{it} +$$
$$\alpha_6 Lamda_{it} + \sum_{n=1}^{3} \alpha_{6+n} year_t \sum_{m=1}^{12} \alpha_{9+m} industy_{it} + \varepsilon_{it}$$

(6)

1）因变量及测试变量说明

Auditor 为虚拟变量，代表不同的事务所类型，我们首先设置哑变量 big4，将事务所分为"四大"和"非四大"，然后对内资事务所按中注协的排名及是否在证监会 2001 年公布的具有复核审计资格的事务所之列，设置两个哑变量 national 和 top10。如果被审计企业的事务所具备专项复核审计资格，则 national 取值为 1，否则取值为 0；如果被审计企业的事务所为业务收入在 2001—2004 年连续 4 年排名在前 15 名，则 top10 取值为 1，否则取值为 0。

Cost 为按公式（5）计算的权益资本成本。

2）控制变量

在模型（6）中，beta 代表企业的系统风险，利用市场模型计算得到，其与权益资本成本呈正相关关系；oprisk 代表企业的经营风险，用固定资产与总资产之比来衡量，其与权益资本成本呈正相关关系；growth 代表企业的成长性，用公司的平均复利增长率衡量，其与权益资本成本呈负相关关系；size 代表企业的规模，用总资产的自然对数衡量，其与权益资本成本呈负相关关系；lamda 用来控制选择偏误，由第一阶段的选择模型计算得到。

6.3 实证检验结果

6.3.1 样本特征及描述性统计

表 6-1 为主要研究变量的描述性统计。由表 6-1 可以看出，2001—2004 年间，样本公司的平均权益资本成本约为 1.34%，beta 系数为 0.944，说明样本公司的系统风险比市场风险略低。表 6-2

为相关变量的 Pearson 相关检验，反映企业风险的变量 beta、oprisk
和企业成长性变量与公司权益资本成本之间的关系在方向上符合理
论预期，但 beta 不显著。不同的事务所变量与公司权益资本成本
之间的关系与理论预期相符，这些单变量检验的结果基本支持本书
的假说，即审计声誉与资本成本呈负相关关系，规模大、声誉高的
事务所审计的企业资本成本较低。

表6-1　　　　全样本研究变量的描述性统计

变量	观测值	均值	标准差	最小值	最大值
cost	1 926	0. 0134	0. 0094	0. 00089	0. 1205
Big4	1 926	0. 062	0. 24	0	1
national	1 926	0. 242	0. 429	0	1
Top10	1 926	0. 213	0. 409	0	1
beta	1 926	0. 944	0. 265	−0. 0033	1. 743
oprisk	1 926	0. 366	0. 194	0. 00084	0. 94
size	1 926	21. 25	0. 86	17. 92	26. 63
growth	1 926	0. 744	1. 21	−0. 825	23. 39
Lamda1	1 926	2. 097	0. 518	0. 028	4. 82
Lamda2	1 926	1. 39	0. 515	0. 246	3. 71
Lamda3	1 926	1. 478	0. 46	0. 31	3. 35

表 6-2　　　　　　　有关变量的 Pearson 相关检验

变量	cost	Big4	National	Top10	beta	oprisk	size	growth
cost	1.00							
Big4	-0.073	1.0						
	(0.002)***							
National	-0.026	—	1.00					
	(0.26)	(0.00)***						
Top10	-0.064	—	—	1.00				
	(0.005)***							
beta	-0.03	-0.026	-0.082	-0.059	1.00			
	(0.15)	(0.26)	(0.00)***	(0.01)***				
oprisk	0.299	0.014	-0.1	-0.069	-0.11	1.00		
	(0.00)***	(0.53)	(0.00)***	(0.00)***	(0.00)***			
size	0.386	0.244	0.059	0.043	-0.17	0.13	1.00	
	(0.00)***	(0.00)***	(0.01)***	(0.06)*	(0.00)***	(0.00)***		
growth	0.126	-0.036	0.05	0.02	-0.14	-0.004	0.17	1.00
	(0.00)***	(0.11)	(0.05)**	(0.39)	(0.00)***	(0.87)	(0.00)***	

6.3.2　多元回归结果分析

表 6-3 为多元回归分析结果。为了控制自选择偏误，我们采用两阶段回归分析，从两阶段回归结果看，代表事务所类型变量的 big4、national 和 top10 分别在 10%、5% 和 1% 的水平上与权益资本成本显著负相关。这与单变量分析的结果基本一致，并支持我们的假说，说明企业可以通过选择不同质量或声誉的事务所达到降低权益资本成本的目的，这一结果也验证了审计的信息功能，为我国目前制度背景下的审计功能提供了经验证据。控制自选择偏误的 Lamda 在三个模型中分别在 10%、5% 和 1% 的水平上显著，说明我们的样本存在自选择问题。但当我们加入第一阶段 probit 回归得到的 Lamda 后，可以在一定程度上降低自选择问题对第二阶段回

归结果的影响，使得到的结果更稳健。此外，我们又进行了未控制自选择偏误的 OLS 回归，结果基本与两阶段回归结果保持一致。

表6-3　　　　　　两阶段 OLS 回归和 OLS 回归结果分析

变量	符号预测	2-stage OLS 回归			OLS 回归		
		Panel A	Panel B	Panel C	Panel D	Panel E	Panel F
constant	?	-0.081	-0.081	-0.081	-0.045	-0.047	-0.048
		(-12.8)***	(-12.1)***	(-13.1)***	(-6.58)***	(-6.75)***	(-6.72)***
Big4	-	-0.01			-0.0024		
		(-2.62)***			(-3.26)***		
national	-		-0.0008			-0.001	
			(-1.98)**			(-2.72)***	
Top10	-			-0.0013			-0.0015
				(-3.9)***			(-4.73)***
Beta	+	0.0023	0.002	0.002	0.0026	0.0022	0.0022
		(4.60)***	(2.69)***	(3.63)***	(5.1)***	(3.98)***	(4.05)***
oprisk	+	0.0057	0.0055	0.0055	0.0057	0.0058	0.0059
		(5.82)***	(5.37)***	(5.53)***	(5.82)***	(5.57)***	(5.85)***
size	-	0.0042	0.0037	0.0037	0.0061	0.0037	0.0037
		(12.1)***	(12.53)***	(12.6)***	(6.18)***	(11.88)***	(11.7)***
growth	-	-1.12e-5	-1.1e-5	-1.1e-5	-1.14e-5	-1.1e-5	-1.1e-5
		(-7.45)***	(-7.51)***	(-7.61)***	(-7.38)***	(-7.50)***	(-7.55)***
Lamda	?	0.0017	0.0007	0.0008	—	—	—
		(3.54)***	(2.39)**	(2.41)**	—	—	—
year		—	—	—	—	—	—
ind	-	—	—	—	—	—	—
观测值		1 924	1 806	1 806	1 925	1 807	1 807
F 值		110.9***	115.15***	111.86***	103.49***	105.3***	107.1***
Adj. R^2 (%)		57.07	58.13	58.39	56.58	57.81	58.01

为简化表格，年份及行业影响未列明；括号内的数字为 White（1980）异方差调整后的 t 值；*、**、*** 分别表示在 10%、5%、1% 的显著性水平上显著。其中，national 代表是否具备单项复核资格的国内所；top10 代表按中注协业务收入在内资所中排名前 10 名的事务所。Panel B、Panel C、Panel E、Panel F 的回归中，样本中删除了"四大"审计的企业。

表6-3说明，在我国目前的审计市场中，在信息不对称程度较高的企业中，可以通过选择"四大"、国内大规模事务所和具有专项复核资格的事务所向市场传递信号，以降低信息不对称，从而降低权益资本成本。这一结果与成熟资本市场上IPO企业通过事务所选择来降低发行折价的结果保持一致。同时，这一结果也为我国资本市场上审计的信息功能提供了证据，说明在目前的转型经济体制下，随着市场经济的发展，外部审计的功能也在逐渐恢复。

6.3.3 敏感性分析结果

表6-3的各回归方程中，所有变量的VIF均小于4.0，且模型综合平均VIF值小于3.5，说明模型不存在严重共线性问题。同时，各回归模型的F值均在0.001的水平上显著，调整的R^2分别为0.571、0.581和0.584，说明模型拟合得较好。由于我们在回归时已经进行了White异方差调整，所以模型不存在严重异方差问题。

为了进一步检验结果的稳健性，我们对表6-3的结果进行了敏感性测试：（1）剔除权益资本成本1%分位的极端值进行回归，结果显示，异常值影响较小，研究结论保持不变；（2）在模型中加入代表财务风险的财务杠杆（Lev）变量，结论基本保持不变，但Lev不显著。可见，我们的研究结果较为稳定和可靠。

由于我们的样本选择是基于审计的信息功能在信息不对称程度较高的企业中更为有效的前提，且上文的检验基本上支持了我们的假说：在信息不对称程度较高的企业中，企业可以通过事务所选择行为向市场传递信号，达到降低资本成本的目的，外部审计能够有效地发挥其信息功能。为了进一步说明样本选择理由的充分性，我们对信息不对称程度较低的企业重新进行了回归，结果见表6-4。由回归结果可以看出，两阶段回归模型中，代表事务所类型的变量基本不显著，这一结果为我们的样本选择提供了进一步的证据支持。

166

表6-4 　　　　敏感性测试结果（信息不对称程度低的企业）

变量	符号预测	2-stage OLS 回归			OLS 回归		
		Panel A	Panel B	Panel C	Panel D	Panel E	Panel F
constant	?	-0.031	-0.049	-0.051	-0.049	-0.044	-0.044
		(-3.3)***	(-7.97)***	(-8.3)***	(-8.49)***	(-7.58)***	(-7.54)***
Big4	-	0.0003			0.00005		
		(0.55)			(0.1)		
national	-		-0.0002			-0.0007	
			(-0.63)			(-2.01)**	
Top10	-			-0.0007			-0.0012
				(-1.65)*			(-3.15)***
Beta	+	-0.0013	-0.001	-0.001	-0.0012	-0.001	-0.001
		(-1.96)**	(-1.51)	(-1.57)	(-1.86)*	(-1.56)	(-1.59)
oprisk	+	0.0043	0.0038	0.0034	0.0047	0.0042	0.004
		(4.63)***	(3.77)***	(3.54)***	(4.88)***	(4.03)***	(3.89)***
size	-	0.0031	0.0024	0.0025	0.0024	0.0022	0.0022
		(7.92)***	(8.71)***	(9.13)***	(9.27)***	(8.32)***	(8.43)***
growth	-	-7.3e-6	-6.6e-6	-6.4e-6	-7.4e-6	-6.7e-6	-6.7e-6
		(-3.11)***	(-2.79)***	(-2.79)***	(-3.09)***	(-2.83)***	(-2.92)***
Lamda	?	0.0013	0.001	0.0015	—	—	—
		(2.22)***	(3.32)***	(3.56)***	—	—	—
year		—	—	—	—	—	—
ind		—	—	—	—	—	—
观测值		1 923	1 747	1 747	1 923	1 747	1 747
F值		113.7***	105.76***	107.37***	113.7***	105.76***	107.37***
Adj. R^2 (%)		53.81	50.97	51.29	53.81	50.97	51.29

为简化表格，年份及行业影响未列明；括号内的数字为 White（1980）异方差调整后的 t 值；＊、＊＊、＊＊＊分别表示在10%、5%、1%的显著性水平上显著。其中，national 代表是否具备单项复核资格的国内所；top10 代表按中注协业务收入在内资所中排名前10名的事务所；Panel B、Panel C、Panel E、Panel F 的回归中，样本中删除了"四大"审计的企业。

6.4 本章小结

在成熟的资本市场上，对外部独立审计的需求源于其监督功能、信息功能和保险功能。由于监督功能和信息功能的实现都是为了降低资本市场中的信息不对称，降低资本成本和交易成本，提高资源配置的效率，因此现有的文献中通常将二者合称为信息功能。由于保险功能的实现需要相关的法律赔偿机制作保障，而我国目前相关的证券法规还不完善，审计保险功能的实现仍存在限制。所以，我们认为在我国的转型经济体制下，外部独立审计在资本市场中的作用更多地体现为信息功能。如果对审计的需求是源于其信息功能，则企业的事务所选择行为实际上充当了自愿信息披露政策，根据成本效益原则，信息严重不对称的企业，对审计质量的需求将较大（Bartov & Bodnar，1996；王艳艳，2005）。在审计能够有效发挥其监督作用和信息作用的前提下，企业的选择行为会影响其资本成本。因此，我们以2001—2004年间信息不对称比较严重的企业为研究对象，采用两阶段回归的方法，在控制了自选择偏误后，研究了外部独立审计对权益资本成本的影响。

我们的研究结果显示，选择"四大"的企业，权益成本最低，其次依次是国内"十大"和国内具有IPO专项复核资格的事务所。这一结果与成熟资本市场上IPO企业通过事务所选择来降低发行折价的结果保持一致。由于国家层面的大所（国内"十大"和国内具有IPO专项复核资格的事务所）审计质量与地方小所并不存在显著差异，综合的结果说明在短期内投资者感知到的审计质量与这些事务所实际的监督力量可能存在不一致，从侧面说明政府的管制为这些事务所带来了声誉，使其获得了管制租金。

7 结论、启示及未来研究方向

本书的前几章对研究主题、企业选择会计师事务所的动机以及我国证券审计市场的特殊性进行了介绍和分析，并对我国证券审计市场中政府与企业、会计师事务所的关系进行了理论分析，对我国证券审计市场中事务所审计质量的差异化、企业选择会计师事务所的动机和经济后果进行了实证检验。本章为全书的总结，主要由以下三部分组成：（1）主要研究结论与启示；（2）本书的创新、贡献以及局限性；（3）未来的研究方向。

7.1 主要研究结论与启示

7.1.1 主要研究结论

在自由市场或成熟的资本市场中，对独立审计的需求是一种自发需求，其产生和发展首先是市场选择的结果。由于审计服务兼具公共产品和信任品的双重特征，注定了审计市场中的信息不对称，再加上审计服务的付费人并非消费者，而是被审计单位，这为会计师事务所的道德风险提供了温床。因此，审计与管制有密切的联系，政府管制是市场的有效补充，是为了缓解市场失灵及由此产生的道德风险和逆向选择问题。然而，在我国转型经济中，政府与企业、会计师事务所之间具有天然的联系，它们之间的关系更为复

169

杂。一方面，政府作为会计师事务所的直接监管部门和早期的挂靠单位，存在干预会计师事务所的动机；另一方面，政府作为上市公司的最终控制人，存在干预企业的动机。同时，政府需要积极地推动经济转型，而不能等待市场经济体制从计划经济体制中自发产生，在这样的市场中，独立审计作为企业的外部监督和担保机制，对其需求是源于经济动机还是管制动机呢？理论上，在转型经济中，政府对经济的干预存在三种理论模型——无形之手模型、帮助之手模型和掠夺之手模型。从管制经济学的角度出发，政府管制对审计质量的供给存在双重影响，并存在两种竞争性的理论解释，即建立在帮助之手模型上的公共利益理论和建立在掠夺之手模型上的管制俘获理论。同理，政府管制对审计服务的需求既有促进的一面，又有制约的一面，并存在效率观和机会主义观的解释。基于审计在资本市场中的经济功能，对公司选择高质量事务所的动机存在三种理论解释——代理理论、信息理论和保险理论。但是受资本市场发达程度及外部法律机制完备程度的影响，保险理论在解释我国公司选择事务所的动机时缺乏制度土壤。同时，由于我国上市公司主要由原来的国有企业改制而来，而公有产权的一个重要特征就是政府干预，政府同时作为上市公司的最终控制人和证券市场的监管者，其目标和动机会影响企业行为，因此政治因素以及政府干预是影响我国上市公司选择何种类型会计师事务所的重要制度因素之一。在法制环境欠缺与政府干预的双重作用下，独立审计需求的保险假说在某种程度上异化为政治担保假说，高质量的独立审计可以为企业提供政治担保，以降低企业的政治成本（Deegan & Gordan，1996；Belkaoui & Karpik，1989）。

以 2001 年之前的数据为样本的研究认为，我国证券审计市场中对独立审计的有效需求不足，企业缺乏对高质量审计的需求（李树华等，2000），企业选择会计师事务所的动机源自管制动机。然而，从 2000 年之后，在政府的管制以及市场经济环境的推动下，不仅刺激高质量审计服务供给的制度和环境因素有了巨大的变化，而且诱导高质量审计服务需求的制度诱因也在逐步走向市场化，我国审计市场基本呈现稳态发展，证券审计市场中的供给和需求方均呈多元化趋势。由于制度会影响行为，因此，我们推测市场对审计服务的需求可能会发生潜在的变化，并以2001—2004年间的上市公司为对象，旨在通过对我国目前证券审计市场中的上市公司选择会计师事务所的行为进行经验研究，回答下述问题：政府是如何影响上市公司选择事务所的？地方政府和中央政府的干预是否相同？在现行的所有权安排下，上市公司选择事务所的动机是什么？企业的事务所选择行为存在什么样的经济后果？

为了回答上述问题，我们将审计市场中的行为主体——会计师事务所采用两种分类方法：首先，按照市场知名度的高低分为国际四大合作所、国内十大所和国内其他所；其次，按照政府的管制分为国际四大合作所、国内具备 IPO 专项复核资格的事务所和国内其他所。采用两种分类标准是为了研究政府对会计师事务所的干预是否为其带来了管制便利，导致了寻租行为。同时，为了检验不同政府对企业干预的差异，我们按最终控制人的性质将上市公司分为中央政府控制的企业、地方政府控制的企业和非政府控制的企业。由于企业选择会计师事务所的前提是市场中必须存在差异化的产品可供选择，因此，我们首先检验了不同事务所之间的审计质量差异化，其次检验了企业选择不同事务所的动机，最后检验了企业选择会计师事务所的经济后果。主要研究结论如下：

（1）国际"四大"的审计质量显著高于"非四大"，国家层面的大所（国内"十大"或国内具备 IPO 专项复核资格的会计师事务所）与国内其他所之间的审计质量不存在显著差异。

国内外的研究综合表明，关于审计质量存在多种衡量方法，但是根据审计质量的特征以及这些衡量方法可以归纳为两大类：即以审计声誉为代表的市场感知的审计质量和以会计信息质量衡量的审计师的实际监督力量。前者在衡量审计质量时容易受投资者的解读能力的影响，而在我国证券市场中，投资者的信息解读能力不强，因此，以此衡量审计质量可能存在较大的噪音；后者在以审计师的实际监督力量衡量事务所质量时，我国的研究主要沿袭国外，以操控性应计项目衡量审计质量，存在以下诸多问题：在我国，操控性应计对企业真实经济状况的反映有待验证；操控性应计是否能够度量我国的盈余管理存在很大的争议。由于会计信息透明度指的是"企业的会计盈余对真实经济盈余的反映程度或投资者通过企业的会计信息看穿企业行为的程度，高度透明的会计信息应该具有较高的信息含量，能够降低投资者的信息成本"，因此，本书在改进前人研究不足的基础上，以透明度衡量审计师的实际监督力量，以求为不同事务所的审计质量差异化提供证据。研究结果表明："四大"审计的上市公司会计信息的透明度显著高于"非四大"审计的上市公司；进一步将内资所按证监会排名和是否具备专项复核资格划分为国内"十大"与"非十大"、具有专项复核资格和不具有专项复核资格的事务所后，审计质量对会计信息透明度的影响证据比较微弱。这说明政府的管制为国家层面的大所带来了管制便利，使它们拥有较大的市场份额，但其实际审计质量并不高，这一结果可以用政府俘获理论解释。

（2）我国上市公司选择会计师事务所既存在经济动机也存在管制动机。

传统的以美国股权分散国家上市公司为样本的研究认为，企业代理成本与高质量审计需求之间是一种函数关系，代理成本越高，企业越有动机选择高质量的事务所（Jensen & Meckling，1976；Watts & Zimmerman，1983；Francis & Wilson，1988；Defond，1992）。然而，我国的上市公司与美国的上市公司存在根本性的差异。在我国，企业与政府具有天然的联系，同时上市公司股权普遍高度集中，内部人控制现象严重，这些特征共同决定了研究我国上市公司中的动机问题必须考虑以下三种因素：政府干预的影响；上市公司大股东控制的影响；管理层控制的影响。

由于对高质量审计的需求会受法制环境、市场化进程的影响（Francis，2002；Choi & Wong，2002），而我国经济发展存在严重的地区差异（樊纲、王小鲁，2003；夏立军、方轶强，2005），因此，本书以2001—2004年的A股上市公司为样本，在控制了地区经济发展不平衡之后，研究了政府干预、代理冲突对企业选择会计师事务所行为的影响。研究结果表明：首先，从效率观出发，中央政府控制的上市公司存在选择高质量事务所的动机；从机会主义观出发，地方政府控制的上市公司存在选择地方小所的动机，以获得双向租金，非政府控制的上市公司存在选择国家层面大所的动机，是信号传递收益和信息披露成本均衡的结果。其次，股权集中度与审计质量需求之间呈非线性关系，存在区间效应，在股权集中度较低和较高的区域，二者之间显著正相关，分别验证了利益分歧效应和利益一致效应，在股权集中度的中间区域，二者之间显著负相关，验证了壕沟效应。最后，管理层与股东之间的代理成本与企业选择高质量事务所行为之间呈正相关关系。上述结果综合表明，政府管制因素和所有权安排均会影响上市公司选择事务所的行为，目前上市公司选择事务所既存在经济动机，也存在管制动机，政府在审计需求方面既有"攫取之手"，又有"帮助之手"。

（3）在我国，高质量审计服务在证券市场存在信息功能，能够降低企业的资本成本。

在成熟的资本市场上，对外部独立审计的需求源于其监督功能、信息功能和保险功能。由于监督功能和信息功能的实现都是为了降低资本市场中的信息不对称，降低资本成本和交易成本，提高资源配置的效率，因此现有的文献中通常将二者合称为信息功能。由于保险功能的实现需要相关的法律赔偿机制来保障，而我国目前相关的证券法规还不完善，审计保险功能的实现仍存在限制。所以，在我国的转型经济体制下，外部独立审计在资本市场中的作用更多地体现为信息功能。如果对审计的需求是源于其信息功能，则企业的事务所选择行为实际上充当了自愿信息披露政策，根据成本效益原则，信息严重不对称的企业，对审计质量的需求将较大（Bartov & Bodnar，1996；王艳艳，2005）。在审计能够有效发挥其监督作用和信息作用的前提下，企业的选择行为会影响其资本成本。因此，本书以2001—2004年间信息严重不对称的企业为研究对象，采用两阶段回归的方法，在控制了自选择偏误后，研究了外部独立审计对权益资本成本的影响。我们的研究结果显示："四大"在降低企业权益资本成本方面的作用最大，其次是国内具备IPO专项复核资格的事务所和国内"十大"。由于后两者的实际审计质量并不高，该结果进一步说明了政府的管制为国内大所带来了管制便利，误导了投资者的判断。

7.1.2 研究启示

本书的研究对于深刻理解我国转型与新兴经济下，政府高度管制下的企业选择会计师事务所行为具有一定的启发意义：

（1）政府的管制和保护并未真正培育出审计市场声誉体制。

政府为了提高审计质量，虽然采取了众多的管制措施，这些管制措施在提高审计质量的同时，也带来了负面作用。我们的研究结果显示，证监会2003年发布的《股票发行审核标准备忘录第16号——首次公开发行股票的公司专项复核的审核要求》中指定的所谓声誉较高的国内事务所，其实际监督力量并不显著高于国内其他事务所。仅靠政府管制并不能提高事务所的实际审计质量，政府容易被事务所俘获，因此，政府应将管制重心转向培育市场对高质量审计服务的需求，因为需求决定供给。对于会计师事务所而言，提高专业胜任能力、保持高度的独立性才是建立审计声誉的有效途径，政府的管制便利只能在短期内带来租金，长期的租金要靠审计质量来支撑。从长远看，政府的保护会使国内事务所丧失提高自身竞争力的激励，在长期的保护下，国内事务所将失去"自生能力"，导致其在业务能力、规模、管理方面无法与外资所抗衡。研究结果给我们的启示：一方面，改革审计市场，提高审计质量，促进市场良性循环，需要进一步放松政府管制和建立审计市场声誉机制；另一方面，优化中国审计市场结构的出路在于鼓励国内事务所之间的强强联合或与外资所合作、合资，提高审计质量，进而与"四大"竞争。另外，提高会计信息透明度，改善资本市场微观结构，不仅需要建立高质量的会计准则体系，而且要关注信息呈报方（包括管理当局和会计师）的供给动机。提高会计信息透明度不仅仅依赖于高质量的会计准则，更重要的是相关的外部环境因素和制度因素，如法律制度、公司治理机制、审计监督质量等。会计准则质量是提高会计信息透明度的前提，外部制度因素是提高会计信息透明度的保证。

（2）地方政府干预是我国目前高质量审计需求不足的主要原因之一。

我们的研究结果显示：中央政府控制的上市公司存在选择高质量事务所的动机，地方政府控制的上市公司存在选择地方小所的动机，非政府控制的上市公司存在选择国家层面大所的动机。我国政府分权改革带来的地方政府与中央政府之间的代理关系，使得在地方政府控制的公司中，这些企业为了获得上市、配股等资格，往往存在盈余操纵的行为。而地方政府为了保护地方企业，使地方企业从证券市场上获得更多的资源，促进地方经济的发展，一方面会纵容地方企业的机会主义行为，纵容企业选择低质量的事务所，另一方面，为了保护本地小所的发展，通常会利用管制便利要求企业选择当地所，并限制外地所的进入，而当地企业受限于地方政府的直接管辖，为了迎合地方政府的政策进而会选择当地所，以方便从政府那里获得比选择高质量审计带来的收益更高的租金。因此，地方政府的地方保护主义倾向限制了市场对高质量审计的需求，阻碍了中央政府的经济改革。

（3）股权集中度较高或较低均有利于高质量独立审计需求的提高。

我们的研究结果显示：股权集中度与审计质量需求之间呈非线性关系，存在区间效应，在股权集中度较低（＜50％）和较高（＞65％）的区域，股权集中度与对"四大"的需求显著正相关，在股权集中度的中间区域（50％～65％），股权集中度与对"四大"的需求显著负相关。这一结果说明"内部人控制"、一股独大并非限制企业选择高质量审计服务的根源，相反，股权集中度较高的企业控股股东更有动机聘请高质量的审计服务来监督企业，增加透明度。此外，股权集中度较低的企业控股股东也有动机聘请高质量的审计服务，我们的结论同时支持了利益一致效应和利益分歧效应。同时，该结论也为独立审计与其他内部治理机制之间的互补作用提供了证据。

（4）高质量审计服务在我国资本市场上具有资源配置功能。

独立审计在资本市场中的价值在于，为企业提供监督和担保，降低企业的代理成本，缓解市场中的信息不对称，最终降低企业的资本成本。我们的研究结果显示，选择高质量事务所的企业权益资本成本显著较低，这一结果为我国证券市场中独立审计在资源配置方面的经济价值提供了经验证据。我们的研究结果对于我国证券市场的发展有着重要的理论意义和现实意义。在我国的资本市场上，信息不对称程度较高的企业可以通过选择高质量的事务所，向市场传递信号，以降低信息不对称，从而降低权益资本成本。这一结果也为我国资本市场上审计所发挥的信息功能提供了证据，说明在目前的转型经济体制下，随着市场经济的发展，外部审计的功能也在逐渐恢复。企业在完善内部治理机制的同时，不应忽视外部治理机制的作用，高质量审计服务确实能够减缓企业与投资者之间的信息不对称，降低企业的资本成本。

（5）健全法律诉讼机制是培育高质量审计需求的途径之一。

企业是一系列契约的集合体，这些契约包括显性契约和隐性契约。显性契约的执行可以通过法律保障机制来执行，而对于隐性契约需要声誉机制作保障。独立审计作为一种制度安排，其对企业的监督和担保作用可以保障这些隐性契约得到有效执行。

在我国，独立审计保险功能不能有效发挥的一个主要原因在于法律诉讼机制的不健全。在美国等发达的资本市场中，审计失败面临的诉讼成本较高，这一方面保证了注册会计师提供高质量审计服务的动机，另一方面拓展了企业对独立审计需求的保险需求。而在我国，注册会计师面临的诉讼风险较低，这不仅限制了审计质量的提高，也损害了投资者对独立审计的信任。因此，在我国目前的状况下，健全民事诉讼机制是培育高质量服务需求的途径之一。

（6）进一步推进市场化改革，是刺激高质量审计需求的有效途径。

本书的研究结果显示，由于我国各地区经济发展不平衡，市场化指数较高的地区选择"四大"的概率显著较高。同时，由于对高质量审计的有效需求需要市场制度引导，因此进一步推进市场进程，降低政府干预力度，提高法制水平是刺激高质量审计需求的又一途径。

7.2 本书的创新、贡献及局限性

7.2.1 本书的创新与贡献

与以往的研究相比，本书的主要创新与贡献主要表现在研究方法和研究内容方面。在研究方法上，本书分别采用了分段线性回归、曲线回归和两阶段最小二乘法。在研究内容方面，主要贡献在于：

（1）建立了一个全新的我国上市公司选择会计师事务所的理论分析框架。

与现有的大多数研究不同的是，本书基于我国转型经济的国情背景，从政府管制及审计市场制度变迁对独立审计供给和需求的双重影响两个方面进行制度背景回顾，突破以往的研究思路，用历史的眼光，将研究放在一个动态的转轨环境中，建立了一个全新的关于我国上市公司独立审计需求问题的理论分析框架。与很多直接从现象出发建立假说的研究不同，本书的研究思路是，从现象出发，思考与之相关的制度背景，建立一个基于制度背景、现有文献研究成果和经济学理论的理论分析框架，从该理论分析框架演绎出可以进行检验的假说。

（2）研究了不同层次政府对上市公司选择会计师事务所行为的影响。

现有的关于证券审计市场中独立审计需求的研究在建立假说或解释研究发现时，很少区分考虑政府的层次性，基本上都统称为政府影响。本书按上市公司最终控制人的类型，将上市公司划分为中央政府控制的企业、地方政府控制的企业和非政府控制的企业，研究了不同层次政府对企业微观事务所选择行为的影响。

（3）首次全面地研究了我国上市公司所面临的特殊约束条件对独立审计需求的影响。

国内关于企业选择事务所的研究比较有限，缺乏系统性，很少将独立审计的功能作为出发点，并且研究结论缺乏一致性。仅有的关于代理冲突对企业选择事务所行为的影响（曾颖、叶康涛，2005；王艳艳、陈汉文和于李胜，2006），都存在片面性。因为在我国的转型经济中，政府对企业的管制作用不能忽视。本书首次全面考虑了我国上市公司中存在的三种约束条件与审计质量需求之间的关系，拓展了西方经典的独立审计需求理论。

（4）精确地研究了所有权安排对独立审计需求的影响。

以往国内的研究仅考虑了股权集中度与独立审计需求之间关系的研究，且仅指出二者之间是非线性关系，未明确拐点的存在（曾颖、叶康涛，2005；张奇峰，2005）。而本书在分析了我国上市公司的所有权安排后，分别研究了大股东控制与管理层控制对独立审计需求的影响，并在大股东控制的影响检验中，采用分段线性回归和曲线回归方程，精确研究了股权集中度与独立审计需求之间的关系，确定了50％和65％两个拐点。

（5）首次采用会计信息透明度衡量了事务所类型与审计质量之间的关系。

关于审计质量的衡量存在两类衡量方法：市场觉察的审计质量和审计师的实际监督力量。在我国多数研究基本采用审计意见和可操控应计衡量审计质量，而这两类衡量方法存在一定的局限性。在关于事务所审计质量的两类衡量方法中，由于审计师的监督力量代表了审计师最小化企业呈报的经济交易、事项与真实的经济交易、事项之间差距的能力，反映了事务所的实际胜任能力和实质上的独立，事务所对不同的客户监督力量可以不一致，而会计信息透明度是指会计信息对企业真实经济状况的反映程度，因此本书采用信息透明度衡量不同事务所之间的审计质量，为我国目前高度管制的买方市场中不同类型会计师事务所之间审计质量的系统差异提供了经验证据。

（6）首次检验了独立审计在我国资本市场中的资源配置功能。

本书首次从资源配置的角度研究了企业选择不同质量事务所的经济后果，同时也为独立审计在资本市场中的功能提供了经验证据。国外关于独立审计信息功能的研究主要以 IPO 市场为研究对象，原因在于 IPO 公司信息不对称程度较高，独立审计的功能更显著一些，本书以年报审计市场为对象，通过引进信息不对称指标，将样本公司分为两类，并以信息不对称程度高的上市公司为研究样本，采用两阶段线性回归方法，控制了自选择偏误后，研究了独立审计在减低资本成本方面的作用。

（7）将传统的审计需求保险理论拓展为政治担保理论。

本书结合我国的制度环境，将传统的审计需求保险假说拓展为政治担保假说。由于审计保险功能的实现需要会计师事务所承担法定的赔偿责任和较完备的法律惩戒机制，而我国目前的转型经济中相关的惩戒规范，尤其是民事诉讼法规仍未完善与有效执行。惩戒法规的缺失严重影响了其对投资者的保护作用，也严重影响了独立审计的投资者保护作用，使得审计保险功能的实现缺乏制度保障。相关的法律赔偿责任虽然正在建立，但是实际执行仍然存在诸多障碍，仍然不完善，进而在一定程度上可能限制了审计保险功能的实现。同时，由于我国上市公司主要由原来的国有企业改制而来，而公有产权的一个重要特征就是政府干预，在国有控股的上市公司中，企业的经理形式上是由董事会任命的，但所有的任命决策权依然掌握在行业主管部门里（张维迎，1999）。为了政治前途，他们通常会以选择高质量的独立审计为担保，来解除自己的受托责任。Deegan & Gordan（1996）、Belkaoui & Karpik（1989）认为高质量的独立审计可以为企业提供政治担保，降低政治成本。因此，在法制环境欠缺与政府干预的双重作用下，独立审计需求的保险假说在我国实际上演变成了政治保险假说，高质量审计服务是企业降低政治成本的一种手段。

7.2.2　本书的局限性

作为一项探索性的研究，同时限于笔者认知能力的有限性及数据的不可获得性，本书至少在以下方面存在不同程度的局限：

（1）本书以证监会关于具有证券从业资格事务所的排名来划分事务所类型，具有一定的主观性。

（2）由于数据的不可获得性，本书的研究仅限于上市公司和具备证券从业资格的事务所,且时间序列较短,因此结论的普遍性可能会受到限制。

(3)本书仅将政府的干预划分为中央政府和地方政府,未对地方政府部门进行进一步的划分,譬如省级、地级、县级、乡镇级、村级等,这其中可能会遗漏有用的信息。

(4)本书未研究同时发行 A 股、B 股或 H 股公司与仅发行 A 股的上市公司在选择会计师事务所方面的差异。

(5)本书仅仅从上市公司的会计师事务所选择角度考察企业选择会计师事务所的动机及经济后果,未从事务所变更的角度,动态地研究企业变更事务所的动机是否与企业的代理冲突有关。

以上这些局限性,如果抱着研究本身是不断推进的信念,在前人研究的基础上,不断完善不足,那么,本书的局限性将是未来需要进一步研究的问题。

7.3 未来的研究方向

在未来的研究中,笔者将致力于以下几个方面的探索:

(1)以审计效率的角度,研究不同事务所之间审计质量的系统差异。

(2)从企业变更会计师事务所的角度,研究事务所同级变更、由低级向高级事务所或由高级向低级所变更的动机是否与企业的代理冲突有关。

(3)从投资者保护的角度研究独立审计在证券市场中的功能,为独立审计在我国资本市场中的经济价值提供进一步的证据。

(4)独立审计作为企业的监督和担保机制,与其他内部治理机制之间是互补关系还是替代关系?

(5)独立审计是否能够降低资本市场中的信息耗散,提高资本市场的效率?

（6）研究 IPO 审计市场，企业选择会计师事务所的动机与年报审计市场是否存在差异？

（7）在现有的制度安排下，地方政府和民营企业选择地方小所的深层动机是什么？是为了掏空企业，还是一种理性的成本—效率行为？

主要参考文献

［1］王艳艳，陈汉文，于李胜．代理冲突与高质量审计需求［J］．经济科学，2006（2）：72-82.

［2］王艳艳，陈汉文．审计质量与会计信息透明度［J］．会计研究，2006（4）：9-15.

［3］王艳艳，于李胜．法律环境、审计独立性与投资者保护［J］．财贸经济，2006（5）：32-38.

［4］William R. Scott. 财务会计理论［M］.陈汉文，等，译．北京：机械工业出版社，2005.

［5］蔡春，黄益建，赵莎．关于审计质量对盈余管理的实证研究［J］．审计研究，2005（2）：3-10.

［6］李爽，吴溪．后中天勤时代的中国证券审计市场［J］．会计研究，2005（6）：10-15.

［7］李增泉，余谦，王晓坤．掏空、支持与并购重组——来自我国上市公司的经验证据［J］．经济研究，2005（1）：95-105.

［8］刘峰，周福源．国际五大意味着高质量审计吗？——来自我国 A 股市场的初步证据［C］//中国与亚洲国家公司治理国际研讨会交流资料．上海：中国与亚洲国家公司治理国际研讨会会务组，2005.

［9］沈艺峰，肖珉，黄娟娟．中小投资者法律保护与公司权益资本成本［J］．经济研究，2005（6）：115-124.

［10］王艳艳．审计在公司治理中的角色——投资者保护视角［J］．财会月刊，2005（17）：43-44.

［11］夏立军，方轶强．政府控制、治理环境与公司价值［J］．经济研究，2005（5）：40-51.

［12］曾颖，叶康涛．股权结构、代理成本与外部独立审计需求［J］．会计研究，2005（10）：63-71.

［13］张奇峰．政府管制提高会计师事务所声誉吗——来自中国证券市场的经验证据［J］．管理世界，2005（12）：14-23.

［14］郑鑫成．中国 A 股股票市场对盈余管理的价格反应——以可操控应计为表征变量［D］．厦门：厦门大学，2005.

［15］刘常青，林文荣．会计师事务所声誉与 IPO 折价关系的实证研究［J］．厦门大学学报，2004（5）：78-85.

［16］陈汉文，郑鑫成．可操纵应计的市场反应——来自中国证券市场的经验证据［J］．财会通讯：综合版，2004（2）：3-8.

［17］崔学刚．公司治理机制对公司透明度的影响［J］．会计研究，2004（8）：72-81.

［18］陆正飞，叶康涛．中国上市公司股权融资偏好解析［J］．经济研究，2004（8）：50-59.

［19］漆江娜，陈慧霖，张阳．事务所规模、品牌、价格与审计质量——国际“四大”中国审计市场收费与审计质量研究［J］．审计研究，2004（3）：59-65.

［20］沈振宇．会计准则导向与上市公司利润操纵［D］．上海：上海财经大学，2004.

［21］孙铮，曹宇．股权结构与审计需求［J］．审计研究，2004（3）：7-14.

［22］汪炜，蒋高峰．信息披露、透明度与资本成本［J］．经济研究，2004（7）：107-114.

［23］杨之曙，彭倩．中国上市公司收益透明度实证研究［J］．会计研究，2004（11）：62-70.

［24］张立民，管劲松．我国 A 股审计市场的结构研究［J］．审计研究，2004（5）：31-36.

［25］朱红军，夏立军，陈信元．转型经济中审计市场的需求

特征研究[J].审计研究，2004（5）：53-62.

［26］樊纲，王小鲁.中国市场化指数——各地区市场化相对进程2011年报告[M].北京：经济科学出版社，2003.

［27］李爽，吴溪.中国证券市场中的审计报告行为——监管视角与经验证据[M].北京：中国财政经济出版社，2003.

［28］刘芍佳，孙霈，刘乃全.终极产权论、股权结构及公司绩效[J].经济研究，2003（3）：51-62.

［29］卢文彬.会计稳健性：会计管制的影响［D］.上海：上海财经大学，2003.

［30］夏立军.盈余管理计量模型在中国股票市场的应用研究[J].中国会计与财务研究，2003（3）：1-29.

［31］原红旗，李海建.会计师事务所组织形式、规模与审计质量[J].审计研究，2003（1）：32-37.

［32］刘峰，许菲.风险导向型审计·法律风险·审计质量——兼论"五大"在我国审计市场的行为[J].会计研究，2002（2）：21-28.

［33］陈冬华.地方政府、公司治理与企业绩效［D］.上海：上海财经大学，2002.

［34］李爽，吴溪.审计失败与证券审计市场监管——基于中国证监会处罚公告的思考[J].会计研究，2002（2）：28-37.

［35］王光远.受托责任会计观与受托责任审计观[J].财会月刊，2002（2）：3-5.

［36］王广明，谭宪才，雷光勇.中国独立审计[M].长沙：湖南人民出版社，2002.

［37］夏立军.配股政策、盈余管理与审计意见：一项实证研究［D］.上海：上海财经大学，2002.

［38］易琼.行业制度变迁的诱因与绩效——对中国注册会计师行业的实证考察［D］.广州：暨南大学，2002.

［39］陈武朝，郑军．注册会计师行业服务需求的特点及其影响［J］．审计研究，2001（5）：17-20.

［40］李东平．大股东控制、盈余管理与上市公司业绩滑坡［D］．上海：上海财经大学，2001.

［41］魏明海，刘峰，施鲲翔．论会计透明度［J］．会计研究，2001（9）：16-20.

［42］吴溪．我国证券审计市场的集中度与注册会计师独立性［J］．中国注册会计师，2001（9）：15-20.

［43］陈小悦，肖星，过晓艳．配股权与上市公司利润操纵［J］．经济研究，2000（1）：30-36.

［44］李树华．审计独立性的提高与审计市场的背离［M］．上海：上海三联书店，2000.

［45］刘峰．会计准则变迁［M］．北京：中国财政经济出版社，2000.

［46］余玉苗．我国上市公司注册会计师审计关系研究［J］．审计研究，2000（5）：1-6.

［47］孙铮，王跃堂．资源配置与盈余操纵之实证研究［J］．财经研究，1999（4）：3-9.

［48］华民．转型经济中的政府［M］．西安：陕西经济出版社，1998.

［49］青木昌彦，钱颖一．转轨经济中的公司治理结构［M］．北京：中国经济出版社，1995.

［50］张维迎．企业理论与中国企业改革［M］．北京：北京大学出版社，1995.

［51］FACCIO M. Politically connected firms ［J］. American Economic Review, 2006, 96: 369-386.

［52］FAN J P H, WONG T J. Politically-connected CEOs, corporate governance and post-IPO performance of China's newly partially privatized firms [R]. Hong Kong: The Chinese University of Hong Kong, 2005.

[53] BALL R, SHIVAKUMAR L. Earnings quality in UK private firms: comparative loss recognition timeliness [J]. Journal of Accounting & Economics, 2005, 39: 83-128.

[54] FAN J, WONG T J, ZHANG T. The emergence of corporate pyramids in China [R]. Hong Kong: The Chinese University of Hong Kong, 2005.

[55] LENNOX C. Management ownership and audit firm size [J]. Contemporary Accounting Research, 2005, 22(1): 205-227.

[56] BUSHMAN R, PIOTROSKI J, SMITH A. What determines corporate transparency [J]. Journal of Accounting Research, 2004, 42 (2): 207-252.

[57] FRANCIS J R. What do we know about audit quality [J]. The British Accounting Review, 2004, 36(4): 345-356.

[58] WALLACE W A. The economic role of the audit in free and regulated markets: a look back and a look forward [J]. Research in Accounting Regulation, 2004, 17: 267-298.

[59] WATKINS A L, HILLISON W, MORECROFT S E. Audit quality: a synthesis of theory and empirical evidence [J]. Journal of Accounting Literature, 2004, 23: 153-193.

[60] BALL R, ROBIN A, WU J S. Incentives versus standards: properties of accounting income in four East Asian countries [J]. Journal of Accounting & Economics, 2003, 36: 235-270.

[61] BHATTACHARYA U, DAOUK H, WELKER M. The world price of earnings opacity [J]. The Accounting Review, 2003, 78(3): 641-678.

[62] FRANCIS J, LAFOND R, OLSSON P, et al. Costs of capital

and earnings attributes[R]. Durham: Duke University, 2003.

[63] KRISHNAN G. Auditor quality and the pricing of discretionary accruals [J]. Auditing: A Journal of Practice & Theory, 2003, 22: 109-126.

[64] LEE H Y, MANDE V. The effect of the private securities litigation reform act of 1995 on accounting discretion of the client managers of big 6 and non-big 6 auditors [J]. Auditing: A Journal of Practice and Theory, 2003, 22: 93-108.

[65] MAYHEW B W, SCHATZBERG J W, SEVCIK G R. Examining the role of auditor quality and retained ownership in IPO markets: experimental evidence [J]. Contemporary Accounting Research, 2003, 21(1): 89-130.

[66] FAN J P H, WONG T J. Corporate ownership Structure and the informativeness of accounting earnings in East Asia [J]. Journal of Accounting & Economics, 2002, 33: 401-425.

[67] CHANEY P K, PHILIPICH K L. Shredded reputation: the cost of audit failure [J]. Journal of Accounting Research, 2002, 40: 1221-1245.

[68] CHEN D H, FAN J P H, WONG T J. Do politicians Jeopardize professionalism? Decentralization and the structure of Chinese Corporate Boards [R]. The Hong Kong: Hong Kong University of Science and Technology, 2002.

[69] CHOI J, WONG T J. Audit markets and legal environments: an international investigation [R]. Hong Kong: The Hong Kong University of Science and Technology, 2002.

[70] LEE P J, TAYLOR S J, TAYLOR S L. Auditor conservatism and auditor quality: evidence from IPO earnings forecasts[R]. Sydney: University of Sydney, 2002.

[71]EASLEY D, O'HARA M. Information and the cost of capital [R]. Ithaca NY: Cornell University, 2001.

[72]FISMAN R. Estimating the value of political connections[R]. New York: Columbia University, 2001.

[73] BASU S, HWANG L S, JAN C L. Differences in Conservatism between Big Eight and non-Big Eight Auditors[R]. New York: City University of New York, 2001.

[74] BUSHMAN R, SMITH A. Financial accounting information and corporate governance [J]. Journal of Accounting & Economics, 2001, 32: 237-333.

[75] FAN J, WONG T. Do external auditors perform a corporate governance role in emerging markets? Evidence from East Asia[R]. Hong Kong: The Hong Kong University of Science and Technology, 2001.

[76] FRANCIS J R, KHURANA I K, PEREIRA R. Investor protection laws, accounting and auditing around the world [R]. Columbia: University of Missouri-Columbia, 2001.

[77] GEBHARDT W, LEE C, SWAMINATHAN B. Toward an implied cost of capital [J]. Journal of Accounting Research, 2001, 39: 135-176.

[78] YAO Y. Government commitment and the results of privatization in China[R]. Beijing: Peking University, 2001.

[79] ALI A, HWANG L S. Country-specific factors relate to financial reporting and the value relevance of accounting data [J]. Journal of Accounting Research, 2000, 38: 1-21.

[80]ANG J S, COLE R A, LIN J W. Agency costs and ownership structure [J]. Journal of Finance, 2000, 55(1): 81-106.

[81] BALL R, KOTHARI S P, ROBIN A. The effect of international institutional factors on properties of accounting earnings

189

[J]. Journal of Accounting & Economics, 2000, 29: 1-51.

[82] BARTOV E, GUL F, TSUI J. Discretionary-accruals models and audit qualification [J]. Journal of Accounting & Economics, 2000, 30: 421-452.

[83] GIVOLY D, HAYN C. The changing time-series properties of earnings, cash flows and accruals: has financial reporting become more conservative [J]. Journal of Accounting & Economics, 2000, 29: 287-320.

[84] LA PORTA R, LOPEZ-DE-SILANES F, SHLEIFER A, et al. Investor protection and corporate governance [J]. Journal of Financial Economics, 2000, 58: 3-27.

[85] REYNOLDS J K, FRANCIS J R. Does size matter? The influence of large clients on office-level auditor reporting decisions [J]. Journal of Accounting & Economics, 2000, 30(3): 375-400.

[86] VISCUSI W K, VERNON J M, HARRINGTON J E. Economics of regulation and antitrust [M]. 3rd ed. Cambridge, Mass. : The MIT Press, 2000.

[87] ARRUÑADA B. The economics of audit quality: private incentives and the regulation of audit and non-audit services [M]. Norwell MA: Kluwer Academic Publishers, 1999.

[88] CAO Y Z, QIAN Y Y, WEINGAST B R. From federalism, Chinese style, to privatization, Chinese style [J]. Economics of Transition, 1999, 7(1): 103-131.

[89] CRASWELL A T, FRANCIS J R. Pricing initial audit engagements: a test of competing theories [J]. The Accounting Review, 1999, 74(2): 201-217.

[90] DEFOND M L, WONG T J, LI S H. The impact of improved auditor independence on audit market concentration in China [J].

Journal of Accounting & Economics, 1999, 28: 269-305.

[91] FRANCIS J R, KRISHNAN J. Accounting accruals and auditor reporting conservatism [J]. Contemporary Accounting Research, 1999, 16: 135-165.

[92] FRANCIS J R, MAYDEW E L, SPARKS H C. The role of big 6 auditors in the credible reporting of accruals [J]. Auditing: A Journal of Practice & Theory, 1999, 18: 17-34.

[93] LA PORTA R, LOPEZ-DE-SILANES F, SHLEIFER A. Corporate ownership around the world [J]. Journal of Finance, 1999, 54: 471-518.

[94] LEE C J, LIU C, WANG T. The 150-hour rule [J]. Journal of Accounting & Economics, 1999, 27: 203-228.

[95] WILLENBORG M. Empirical analysis of the economic demand for auditing in the initial public offerings market [J]. Journal of Accounting Research, 1999, 37: 225-238.

[96] DEFOND M L, SUBRAMANYAM K. Auditor changes and discretionary accruals [J]. Journal of Accounting & Economics, 1998, 25: 35-67.

[97] LA PORTA R, LOPEZ-DE-SILANES F, SHLEIFER A, et al. Law and finance [J]. Journal of Political Economy, 1998, 106: 1113-1155.

[98] LEE C J, GU Z Y. Low balling, legal liability and auditor independence [J]. The Accounting Review, 1998, 73(4): 533-555.

[99] SHLEIFER A, VISHNY R. The grabbing hand: government pathologies and their cures [M]. Cambridge, MA: Harvard University Press, 1998.

[100] HOGAN C E. Costs and benefits of audit quality in the IPO market: a self-selection analysis [J]. The Accounting Review, 1997,

72: 67-86.

[101] BASU S. The conservatism principle and the asymmetric timeliness of earnings [J]. Journal of Accounting & Economics, 1997, 24: 3-37.

[102] BOTOSAN C A. Disclosure level and the cost of equity capital [J]. The Accounting Review, 1997, 72(3): 323-349.

[103] FAMA E, FRENCH K. Industry costs of equity [J]. Journal of Financial Economics, 1997, 43: 153-193.

[104] FRYE T, SHLEIFER A. The invisible hand and the grabbing hand [J]. The American Economic Review, 1997, 87: 354-358.

[105] LA PORTA R, LOPEZ-DE-SILANES F, SHLEIFER A, et al. Legal determinants of external finance [J]. Journal of Finance, 1997, 52: 1131-1150.

[106] SHLEIFER A, VISHNY R. A Survey of corporate governance [J]. The Journal of Finance, 1997, 52: 737-783.

[107] BARTOV E, BODNAR G M. Alternative accounting methods, information asymmetry and liquidity: theory and evidence [J]. The Accounting Review, 1996, 71(3): 397-418.

[108] CLARKSON P, GUEDES J, THOMPSON R. On the diversification, observability, and measurement of estimation risk [J]. Journal of Financial and Quantitative Analysis, 1996, 31: 69-84.

[109] BABER W R, KUMAR K R, VERGHESE T. Client security price reactions to the Laventhol and Horwath bankruptcy [J]. Journal of Accounting Research, 1995, 33: 385-395.

[110] COLES J, LOEWENSTEIN U, SUAY J. On equilibrium pricing under parameter uncertainty [J]. Journal of Financial and Quantitative Analysis, 1995, 30(3): 347-364.

[111] COPELY P, GAVER J. Simultaneous estimation of the supply and demand for differentiated audits: evidence from the municipal audit market [J]. Journal of Accounting Research, 1995, 33: 137-155.

[112] CRASWELL A T, FRANCIS J, TAYLOR S. Auditor brand name reputations and industry specializations [J]. Journal of Accounting & Economics, 1995, 20: 297-322.

[113] FELTHAM G, OHLSON J. Valuation and clean surplus accounting for operating and financial activities [J]. Contemporary Accounting Research, 1995, 11: 689-731.

[114] MICHAELY R, SHAW W H. Does the choice of auditor convey quality in an initial public offering [J]. Financial Management, 1995, 24(4): 15-30.

[115] OHLSON J. Earnings, book value, and dividends in security valuation [J]. Contemporary Accounting Research, 1995, 11: 661-687.

[116] WARFIELD T D, WILD J J, WILD K L. Managerial ownership, accounting choices, and informativeness of earnings [J]. Journal of Accounting & Economics, 1995, 20: 61-91.

[117] CHRISTIE A A, ZIMMERMAN J L. Efficient and opportunistic choices of accounting procedures: corporate control contests [J]. The Accounting Review, 1994, 69(4): 539-566.

[118] CLARKSON P M, SIMUNIC D A. The association between audit quality, retained ownership, and firm-specific risk in U. S. vs. Canadian IPO markets [J]. Journal of Accounting & Economics, 1994, 17(2): 207-228.

[119] DECHOW P M. Accounting earnings and cash flows as measures of firm performance: the role of accounting accruals [J].

Journal of Accounting & Economics, 1994, 18: 3-42.

[120] LYS T, WATTS R L. Lawsuits against auditors [J]. Journal of Accounting Research, 1994, 32: 65-102.

[121] MENON K, WILLIAMS D D. The insurance hypothesis and market prices [J]. The Accounting Review, 1994, 69: 327-342.

[122] DAVIDSON R A, NEU D. A note on the association between audit firm size and audit quality [J]. Contemporary Accounting Research, 1993, 9: 479-488.

[123] DYE R A. Auditing standards, legal liability and auditor wealth [J]. Journal of Political Economy, 1993, 101: 887-914.

[124] HANDA P, LINN S. Arbitrage pricing with estimation risk [J]. Journal of Financial Economics, 1993, 28(1): 81-100.

[125] HOLLAND K M, HORTON J G. Initial public offerings on the unlisted securities market: the impact of professional advisers [J]. Accounting and Business Research, 1993, 24: 19-34.

[126] JANG J H, LIN C. Audit quality and trading volume reaction: a study of initial public offering of stocks [J]. Journal of Accounting and Public Policy, 1993, 12: 263-287.

[127] LEE C M C, MUCKLOW B, READY M J. Spreads, depths, and the impact of earnings information: an intraday analysis [J]. Review of Financial Studies, 1993, 6: 345-374.

[128] SACHS J. Poland's jump to a market economy [M]. Cambridge, MA: MIT Press, 1993.

[129] TEOH S H, WONG T J. Perceived auditor quality and the earnings response coefficient [J]. The Accounting Review, 1993, 68: 346-367.

[130] DEFOND M L. The association between changes in client firm agency costs and auditor switching [J]. Auditing: A Journal of

Practice and Theory, 1992, 11: 16-31.

[131] FIRTH M, SMITH A. Selection of auditor firms by companies in the new issue market [J]. Applied Economics, 1992, 24: 247-255.

[132] JENSEN M C, MECKLING W H. Specific and general knowledge, and organizational structure[M]//WERIN L, WIJKANDER H, eds. Contract economics. Oxford: Blackwell, 1992: 251-274.

[133] DARTAR S M, FELTHAM G A, HUGHES J S. The role of audits and audit quality in valuing new issues [J]. Journal of Accounting & Economics, 1991, 14: 3-49.

[134] DIAMOND D W, VERRECCHIA R E. Disclosure, liquidity, and the cost of capital [J]. The Journal of Finance, 1991, 46: 1325-1360.

[135] FELTHAM G, HUGHES J S, SIMUNIC D. Empirical assessment of the impact of auditor quality on the valuation of new issues [J]. Journal of Accounting & Economics, 1991, 14: 375-399.

[136] MENON K, WILLIAMS D D. Auditor credibility and initial public offerings [J]. The Accounting Review, 1991, 66: 313-332.

[137] NORTH D C. Institutions, institutional change and economic performance [M]. Cambridge: Cambridge University Press, 1990.

[138] SLOVIN M, SUSHKA M, HUDSON C. External monitoring and its effect on seasoned common stock issues [J]. Journal of Accounting & Economics, 1990, 12: 397-417.

[139] WILSON T, GRIMLUND W. An examination of the importance of an auditor's reputation [J]. Auditing: A Journal of Practice and Theory, 1990, 9: 43-59.

[140] BEATTY R. Auditor reputation and the pricing of initial public offerings [J]. The Accounting Review, 1989, 64: 693-709.

[141] KRINSKY I, ROTENBERG W. The valuation of initial public offerings [J]. Contemporary Accounting Research, 1989, 5: 501-515.

[142] BECKER C, DEFOND M L, JIAMBALVO J, et al. The effect of audit quality on earnings management [J]. Contemporary Accounting Research, 1988, 15: 1-24.

[143] FRANCIS J R, WILSON E R. Auditor changes: a joint test of theories relating to agency costs and auditor differentiation [J]. The Accounting Review, 1988, 63: 663-682.

[144] MORCK R, SHLEIFER A, VISHNY R. Management ownership and market valuation: an empirical analysis [J]. Journal of Financial Economics, 1988, 20: 293-315.

[145] PALMROSE Z. An analysis of auditor litigation and audit service quality [J]. The Accounting Review, 1988, 63: 55-73.

[146] BAMBER L S. Unexpected earnings, firm size and trading volume around quarterly earnings announcements [J]. The Accounting Review, 1987, 62: 510-532.

[147] FRANCIS J R, SIMON D T. A test of audit pricing in the small-client segment of the U. S. audit markets [J]. The Accounting Review, 1987, 62: 145-157.

[148] SIMUNIC D A, STEIN M T. Product differentiation in auditing: auditor choice in the market for unseasoned new issues [R]. Monograph prepared for the Canadian Certified General Accountant Research Foundation, 1987.

[149] WALLACE W A. The economic role of the audit in free and regulated markets: a review [J]. Research in Accounting Regulation, 1987, 1: 7-34.

[150] AMIHUD Y, MENDELSON H. Asset pricing and the bid-

ask spread [J]. Journal of Financial Economics, 1986, 17: 223-249.

[151] BEATTY R, RITTER J. Investment banking, reputation and the underpricing of initial public offerings [J]. Journal of Financial Economics, 1986, 15: 213-232.

[152] FRANCIS J R, STOKES D J. Audit prices, product differentiation, and scale economies: further evidence from the Australian market [J]. Journal of Accounting Research, 1986, 24(2): 383-392.

[153] PALMROSE Z. Audit fees and auditor size: further evidence [J]. Journal of Accounting Research, 1986, 24: 97-110.

[154] TITMAN S, TRUEMAN B. Information quality and the valuation of new issues [J]. Journal of Accounting & Economics, 1986, 8: 159-621.

[155] DYE R A. Disclosure of non-proprietary information [J]. Journal of Accounting Research, 1985, 23: 123-145.

[156] BARRY C, BROWN S. Differential information and security market equilibrium [J]. Journal of Financial and Quantitative Analysis, 1985, 20(4): 407-422.

[157] GLOSTEN L R, MILGROM P R. Bid, ask and transaction prices in a specialist market with heterogeneously informed traders [J]. Journal of Financial Economics, 1985, 14: 71-100.

[158] SCHWARTZ K, MENON K. Auditor switches by failing firms [J]. The Accounting Review, 1985, 60: 248-261.

[159] FRANCIS J R. The effect of audit firm size on audit prices: a study of the Australian market [J]. Journal of Accounting & Economics, 1984, 62: 133-151.

[160] PALMROSE Z. The demand for quality-differentiated audit services in an agency cost setting: an empirical analysis[M]//ABDEL-

KHALIK A R, SOLOMON I. Proceedings of the Sixth Symposium on Auditing Research. Champaign: University of Illinois Press, 1984: 229-252.

[161] CHEUNG S. The contractual nature of the firm [J]. Journal of Law and Economics, 1983, 26(1): 1-21.

[162] COPELAND T, GALAI D. Information effects on the bid-ask spread [J]. The Journal of Finance, 1983, 38: 1457-1469.

[163] MORSE D, USHMAN N. Effect of information announcements on the market microstructure [J]. The Journal of Finance, 1983, 42: 483-510.

[164] WATTS R, ZIMMERMAN J. Agency problems, auditing, and the theory of the firm: some evidence [J]. Journal of Law and Economics, 1983, 26: 613-633.

[165] CHOW C W, RICE S. Qualified audit opinions and auditor switching [J]. The Accounting Review, 1982, 57: 326-335.

[166] CHOW C W. The demand for external auditing: size, debt and ownership influences [J]. The Accounting Review, 1982, 4: 272-291.

[167] DEANGELO L E. Auditor independence, 'low balling', and disclosure regulation [J]. Journal of Accounting & Economics, 1981, 3: 113-128.

[168] DEANGELO L E. Auditor size and audit quality [J]. Journal of Accounting & Economics, 1981, 3: 183-199.

[169] NORTH D C. Structure and change in economic history [M]. New York: Norton, 1981.

[170] SIMUNIC D A. The pricing of audit services: theory and evidence [J]. Journal of Accounting Research, 1980, 18 (1): 161-190.

[171] WALLACE W A. The economic role of the audit in free and regulated markets [R]. New York: Touche Ross & Co. Aid to Education program, 1980.

[172] GONEDES N J. Corporate signaling, external accounting and capital market equilibrium: evidence on dividends, income and extraordinary items [J]. Journal of Accounting Research, 1978, 16: 26-79.

[173] LELAND H E, PYLE D H. Informational asymmetries, financial structure, and financial intermediation [J]. Journal of Finance, 1977, 32: 371-387.

[174] EPPS T. The demand for brokerage services: the relation between security trading volume and transaction cost [J]. Bell Journal of Economics, 1976, 7: 163-194.

[175] JENSEN M C, MECKLING W H. Theory of the firm: managerial behavior, agency costs and ownership structure [J]. Journal of Financial Economics, 1976, 3: 305-360.

[176] KLEIN R, BAWA V. The effect of estimation risk on optimal portfolio choice [J]. Journal of Financial Economics, 1976, 3: 215-231.

[177] ALCHIAN A, DEMSETZ H. Production, information costs and economics organization [J]. American Economic Review, 1972, 62: 777-795.

[178] STIGLER G J. The theory of economic regulation [J]. Bell Journal of Economics, 1971, 2: 3-21.

[179] AKERLOF G A. The market for 'lemons': quality uncertainty and the market mechanism [J]. Quarterly Journal of Economics, 1970, 84(3): 488-500.

[180] BEAVER W H, KETTLER P, SCHOLES M. The

association between market-determined and accounting-determined risk measures [J]. The Accounting Review, 1970, 10: 654-682.

[181]SPENCE M. Job market signaling [J]. Quarterly Journal of Economics, 1970, 87: 355-374.

[182]BENSTON G. The value of the SEC's accounting disclosure requirements [J]. The Accounting Review, 1969, 44(3): 515-532.

[183]DEMSETZ H. The cost of transacting [J]. Quarterly Journal of Economics, 1968, 82: 33-53.

[184]BEAVER W H. The information content of annual earnings announcements [J]. Journal of Accounting Research, 1968, 6: 67-92.

[185] DEMSETZ H. The exchange and enforcement of property rights [J]. Journal of Law and Economics, 1964, 3: 11-26.

[186]ALCHIAN A A. Some economics of property rights [J]. IL Politico, 1965, 30: 816-829.

[187] COASE R H. The problem of social cost [J]. Journal of Law and Economics, 1960, 3: 1-44.

[188] COASE R H. The nature of the firm [J]. Economica, 1937, 4(16): 386-405.